LES
DROITS DE LA FRANCE

SUR

L'ALSACE & LA LORRAINE

PAR

ALFRED MICHIELS

> Sans l'obstination avec laquelle l'Allemagne revendique, comme lui apparte-
> nant, l'Alsace et la Lorraine, la paix
> serait conclue depuis longtemps : or, les
> prétentions de l'Allemagne ont pour base
> des fictions audacieuses, qui sont un faux
> en matière historique.

DEUXIÈME ÉDITION

Bruxelles

CH. & A. VANDERAUWERA, IMPRIMEURS-ÉDITEURS

8, RUE DE LA SABLONNIÈRE, 8

1871

Tous droits réservés.

LES DROITS DE LA FRANCE

SUR

L'ALSACE ET LA LORRAINE

LES
DROITS DE LA FRANCE

SUR

L'ALSACE & LA LORRAINE

PAR

ALFRED MICHIELS

Sans l'obstination avec laquelle l'Allemagne revendique, comme lui appartenant, l'Alsace et la Lorraine, la paix serait conclue depuis longtemps : or, les prétentions de l'Allemagne ont pour base des fictions audacieuses, qui sont un faux en matière historique.

DEUXIÈME ÉDITION

Bruxelles

CH. & A. VANDERAUWERA, LIBRAIRES-ÉDITEURS

8, RUE DE LA SABLONNIÈRE, 8

1871

LES
DROITS DE LA FRANCE

SUR

L'ALSACE ET LA LORRAINE.

Un flot de brochures, de volumes, de journaux hostiles à la France inonde l'Allemagne et déborde sur l'Europe. Dans tous ces écrits se retrouvent les mêmes assertions relativement à l'Alsace et à la Lorraine. C'est une cloche qui tinte toujours de la même manière, avec une monotonie fatigante. Et comme si ce glas invariable n'était pas assez lugubre et assez fastidieux, voilà que deux auteurs anglais, lord Russel et Thomas Carlyle, sonnent dans la Grande-Bretagne le même carillon funèbre. Or, jamais l'histoire n'a été défigurée d'une manière plus naïve, jamais on n'a tordu les textes avec plus d'obstination pour en extraire violemment une erreur. Les Allemands prétendent avoir sur l'Alsace et la Lorraine des droits incontestables. Ces droits sont si peu réels que tous les arguments de leurs défenseurs tournent contre eux. Il semble que la logique ait disparu, comme l'humanité, dans une guerre affreuse. Bien que j'écrive ce memoire sur un sol neutre, il me sera permis, je pense, de rétablir les faits dans leur vrai jour, de plaider devant l'Europe une cause sans défenseurs. Accablés par la tristesse des événements ou bloqués dans Paris, connaissant peu les langues et les littératures étrangères, les auteurs français n'ont pu combattre moralement pour leur pays, repousser l'invasion de documents mutilés, de fausses interprétations, qui foule aux pieds tous les principes du raisonnement, comme toutes les lois de la conscience. Or, pour qu'un débat soit jugé d'une manière équitable, chacune des parties doit être écoutée, doit être mise en état d'exposer les faits et de répondre à son adversaire. Je vais donc user d'un droit universellement reconnu, et la presse allemande aura, j'espère, le bon goût de ne pas pousser à ce propos des clameurs furieuses. La question ici est d'autant plus importante que la destinée d'un grand peuple s'y trouve attachée, qu'on brûle ses villages, bombarde ses villes, fusille ses paysans, ravage son territoire, décime ses régiments improvisés, ensevelit sous les ruines des maisons les femmes et les enfants, propage des maladies pestilentielles, qui accroissent les horreurs de la lutte, sous des prétextes historiques, dont le moins fragile ne supporte pas l'examen. Comme dans les siècles les plus barbares du moyen âge, c'est en vertu d'arguties puériles, de subtilités scolastiques, de distinctions illusoires, qu'on promène la désolation et la mort sur un grand pays, que l'on consterne tous les esprits éclairés, qui prévoient pour l'Europe dix ans de carnage. Lève-toi donc, muse impartiale de l'histoire, souveraine justicière, dont la voix domine les cris des énergumènes, dont les sentences sont irrévocables, et réduis à néant le vain ergotage des faux docteurs !

I

Il y a 318 ans que Metz, Toul, Verdun et une partie de la Lorraine ont été réunies à la monarchie française; il y a 222 ans que l'Alsace compte parmi ses provinces. Pendant ce laps de temps considérable, la possession en a été légalisée dans plusieurs traités solennels, signés par toutes les puissances de l'Europe. Les signatures les plus fréquentes sont celles des empereurs d'Allemagne et des princes allemands, qui ont confirmé en 1814 et 1815 toutes les stipulations antérieures. Et c'est après une si longue incorporation, après des engagements si nombreux, que la subtilité germanique ose réclamer des territoires sur lesquels l'Allemagne n'avait primitivement que des droits vagues, confus, incertains et contestés! Plus de deux siècles d'assimilation pour une province, plus de trois siècles pour l'autre, ne semblent pas aux politiques d'outre-Rhin un précédent valable, ne leur paraissent pas légitimer un fait qu'ils trouvent désavantageux pour leur pays! La prescription, la foi des traités, la sanction de l'Europe entière, que l'on peut invoquer en faveur de la France, ils ne les admettent point. Avec une infatigable obstination, avec l'esprit routinier des monomanes, ils soutiennent que ces deux provinces leur ont été enlevées frauduleusement, sournoisement, criminellement : ils les réclament, ils les veulent, et aucune violation du droit des gens ne leur semble trop forte pour atteindre leur but (1).

Voyons donc sur quelle base est fondée cette prétention exorbitante, contraire à tous les principes comme à tous les usages de la diplomatie; voyons comment la Lorraine et l'Alsace sont devenues françaises; voyons si l'Allemagne a été trompée, lésée, dépouillée par la France. Tous les textes, comme on va en juger, donnent à cette accusation le démenti le plus formel.

Remarquons d'abord que l'empire d'Allemagne n'était pas au moyen âge un État compact et unitaire comme les monarchies de nos jours. Il n'y avait pas là un territoire fixe,

---

(1) Le 27 novembre dernier, dans le Parlement de l'Allemagne septentrionale, M. Lasker, membre du parti national, s'est exprimé ainsi : « Des provinces ont été jadis enlevées criminellement à l'Allemagne, il faut les reprendre. C'est là ce que veut tout le peuple, c'est la plus belle récompense qu'il attend de la guerre. » (Bravos, applaudissements.)

invariable, dominé par une puissance héréditaire. L'Allemagne était une agglomération de royaumes et de principautés, soumise à un chef suprême, qui tenait sa couronne de l'élection. Les souverains et les peuples auxquels il commandait dans des circonstances prévues, exceptionnelles, pour garantir l'intérêt général ou obtenir des avantages communs, ne lui obéissaient qu'en vertu d'un hommage féodal. Cet hommage ne lui octroyait aucun droit de propriété, ni comme chef de l'Empire, ni comme seigneur particulier. Il établissait purement et simplement un lien fédératif entre une association et un État constitué à part, ayant une vie propre, un souverain héréditaire. Mais par la nature même de la féodalité cet hommage, cette foi promise pouvaient passer du chef de l'empire à un autre souverain. Toute l'histoire du moyen âge abonde en mutations de cette espèce : ce n'est point par centaines, mais par milliers qu'on en trouverait des exemples. L'injustice d'un suzerain, le mécontentement d'un vassal, des affections et des répugnances suffisaient pour rompre la chaîne légère qui unissait les deux seigneurs. Or, nulle part ces engagements ne devaient être et n'étaient, en réalité, aussi variables que dans les pays limitrophes. Précisément parce qu'un fief se trouvait placé entre deux grands États, la moindre cause faisait osciller les feudataires de l'un à l'autre. La situation du pays et la nature humaine produisaient logiquement, inévitablement ces inconstances politiques.

Les provinces situées entre la France et l'Allemagne devaient donc subir une loi générale, contenue dans le principe même de la féodalité. Dom Calmet, ce prodigieux savant, qui a écrit sur l'histoire de Lorraine jusqu'en 1690 trois volumes in-folio de deux mille pages chacun, renfermant la matière de quarante-huit volumes in-octavo, constate que les choses se passaient réellement ainsi.

« On a pu remarquer, par tout ce que nous venons de dire, que ce pays situé entre la France et l'Allemagne a été longtemps le sujet des guerres et des disputes entre les souverains de ces deux grandes monarchies, qui s'en contestoient réciproquement la souveraineté et le domaine. La jalousie de ces deux puissances et les divisions qui régnoient entr'elles produisirent entre la Meuse et le Rhin cette multitude de petites souverainetés, de républiques et de seigneuries régaliennes qu'on y vit depuis le dixième siècle et qui ont subsisté jusqu'aux quinzième et seizième, se maintenant les uns contre les autres par l'assistance et la protection des puissances voisines.

» Pendant ces temps de troubles, les empereurs qui se disputoient l'empire, voulant, chacun de son côté, se faire des créatures et s'appuyer par des alliances, accordoient aux évêques, aux abbayes, aux églises, aux seigneurs, des priviléges et des droits très-étendus, afin d'engager ces seigneurs dans leur parti ou de les y conserver. Ils ajoutoient aux priviléges de grands domaines et des biens qui leur coûtoient peu, parce qu'ils n'en étoient pas paisibles possesseurs, et qu'ils ne croyoient pas pouvoir acheter à trop haut prix un empire ou un royaume qui leur étoit contesté.

» De là cette foule de petits seigneurs régaliens entre l'Empire d'Allemagne et le royaume de France, formés par la foiblesse ou la division de ces deux puissances. Si l'une des deux troubloit ces petits seigneurs dans l'exercice de leurs droits, ces seigneurs étoient sûrs de trouver de l'appui et de la protection dans la puissance voisine et rivale. Telle fut l'origine des petites souverainetés régaliennes de Lunéville, de Dasbourg, de Bouillon, de Salm, de Luxembourg..... telle la puissance des évêques de Metz, de Toul, de Verdun, et de leurs chapitres et villes épiscopales, qui se gouvernoient comme républiques et villes libres... telles enfin les abbayes de Saint-Maximin, de Pruim, d'Echternach, de Gorze, de Saint-Arnould et plusieurs autres, qui exerçoient sur leurs terres et leurs propres sujets une espèce de pouvoir régalien.

» Tout cela ne retranchoit rien à l'étendue du duché de Lorraine; seulement il diminuoit ou suspendoit l'exercice de la puissance de nos ducs, et les mettoit dans l'obligation d'avoir toujours l'épée à la main, pour réprimer les entreprises des seigneurs particuliers, ou pour défendre les églises dont ils étoient les protecteurs; ou enfin pour soutenir leurs droits et garantir leurs propres domaines. De là ces guerres si fréquentes contre les évêques de Metz et de Toul, et contre les seigneurs qui se liguoient avec eux pour s'opposer aux ducs de Lorraine, qui, malgré ces petites dominations, avoient toujours le droit de glaive, le sauf-conduit par terre et par eau, dans toute l'étendue de leur marquisat et de leur duché. Mais on doit convenir que *dans ce pays, comme dans tout le reste de l'Europe, l'exercice des droits de souveraineté a beaucoup varié, et qu'il ne faut pas mesurer les temps anciens avec ceux d'aujourd'hui* » (1).

Jamais situation ne fut mieux décrite, j'ose le dire, jamais question ne fut mieux élucidée par un savant annaliste. La Lorraine ne faisait donc pas partie intégrante de l'empire d'Allemagne, ne lui était même associée d'aucune manière. Elle ne figurait dans aucun des cercles germaniques, et ses souverains ne prêtaient pas hommage à l'Empereur. Elle ne relevait pas non plus du roi de France, et se maintenait libre entre ses deux puissants voisins, comme un État indépendant. L'immense ouvrage de Dom Calmet ne cite pas un seul duc de Lorraine qui eût accepté comme suzerain l'empereur d'Allemagne, et pas un seul des nombreux documents joints à son livre, pas un seul des traités conclus par la maison régnante, ne fait allusion au prétendu vasselage des seigneurs qui gouvernaient cette province. Et cela ne doit pas surprendre, puisque de simples monastères, comme les abbayes de Senones et de Saint-Dié, bien mieux, des couvents de femmes, comme celui de Remiremont, avaient su presque entièrement échapper aux liens que voulaient leur imposer, soit les chefs de l'Allemagne, soit les ducs de Lorraine. Ces petits fiefs ecclésiastiques gardaient leurs franchises, comme la république d'Andorre conserva sa liberté, pendant tout le moyen âge, entre les puissantes monarchies de France et d'Espagne. Deux parties seulement de la Lorraine actuelle,

(1) *Histoire ecclésiastique et civile de la Lorraine,* par Dom Calmet, abbé du monastère de Senones ; préface, paragraphe XXVIII.

le duché de Bar, les évêchés de Metz, Toul et Verdun, se trouvaient dans un état de dépendance politique : les ducs de Bar prêtaient foi et hommage au roi de France, les trois évêchés relevaient de l'empire d'Allemagne. C'étaient d'abord des principautés cléricales, dans le sens rigoureux du mot : les évêques y possédaient l'autorité spirituelle et le pouvoir temporel. Au commencement du douzième siècle, les habitants de Metz parvinrent à s'affranchir politiquement de leur seigneur tonsuré.

« Il est assez croyable que les troubles dont fut agitée en ce temps-là l'Église de Metz, contribuèrent beaucoup à la retraite de l'évêque Théotgère dans l'abbaye de Cluny, où il vécut et mourut comme un saint. Ce fut alors que les citoyens de Metz secouèrent le joug de la domination épiscopale et que l'autorité des prêtres fut anéantie en leur ville. Les schismes et les divisions qui y régnoient depuis longtemps, le changement trop fréquent des évêques qui se contestoient l'évêché les uns aux autres, la dissipation et l'aliénation des biens temporels, causèrent peu à peu l'affaiblissement de l'autorité des prélats, et donnèrent lieu à leurs sujets de se soulever contre eux et de s'affranchir de leur domination. Les habitants de la ville formèrent une espèce de république, et outre les vingt et un échevins qui étoient pairs de la province, ils en créèrent vingt et un autres roturiers, appelez échevins mineurs. Ainsi la noblesse et les bourgeois trouvèrent leur compte à ce changement, qui se fit aux dépens de l'autorité épiscopale » (1). Stimulés par cet exemple, les habitants de Toul et de Verdun arrachèrent la main de justice à leurs évêques, ne leur laissèrent que la mitre et la crosse, symbole de la puissance cléricale. Les trois cités dès lors furent assimilées aux villes libres d'Allemagne ; elles se rattachèrent à l'empire germanique par les faibles liens d'une vassalité, qui ne leur imposait aucun engagement sérieux.

(1) Dom Calmet : *Histoire ecclésiastique et civile de la Lorraine*, t. Ier, colonne 1176.

II

Telle était la situation des pays lorrains pendant le moyen âge et au début du quinzième siècle. L'avénement de René, duc d'Anjou, comte de Provence et comte de Guise, en fit une province toute française. Il appartenait à une branche cadette de la famille royale. Ayant été pris en affection par le cardinal Louis de Bar, son grand-oncle maternel et cousin germain de son père, qui était devenu duc souverain de Bar par la mort de ses frères, tués à la bataille d'Azincourt, le prince ecclésiastique l'éleva comme son fils, résolut de lui léguer tous ses domaines, puis négocia son mariage avec Isabelle, fille aînée et héritière de Charles II, duc de Lorraine. La cérémonie eut lieu à Nancy le 14 octobre 1420, et l'on y déploya une pompe extraordinaire. Par suite de cette union, René devint duc de Bar et marquis de Pont-à-Mousson en 1430, duc de Lorraine en 1431. Louis XI était son neveu ; pour établir entre la France et la Lorraine des rapports plus intimes, l'habile politique voulut marier sa fille Anne avec Nicolas, marquis du Pont, deuxième fils de René. Les jeunes gens furent unis en 1466 : le contrat, dont nous possédons encore le texte, porte la date du 1er août. Une lettre que Louis XI adressa l'année suivante à *ceux de Bar*, comme on disait alors, c'est-à-dire aux seigneurs de ce duché, constate les sentiments affectueux des deux populations et des deux couronnes les unes envers les autres.

« Très chers et grants amis,

» Vous sçavez assez le grant amour et affinité, qui a de longtemps esté entre nous et notre très cher et très amé oncle le Roy de Sicile (1), et la grant amour que nous avons tant à lui comme à nos tres chers et amez cousins, le duc de

(1) René d'Anjou était devenu roi de Sicile en 1438.

Calabre et le marquis du Pont, ses fils; et comme, pour toujours nourrir, accroître l'amour d'entre nous et eux, avons approché de nous notre dit cousin le Marquis, par mariage de notre très chère et très amée fille, Anne de France, avec lui; et aussi avons bien mémoire que de tout temps avez amé et désiré le bien de la Maison et de la Couronne de France, et estez déplaisans quant aucun mal ou inconvénient y est advenu, et y avez volontiers et libéralement résisté de votre pouvoir, et en avez beaucoup souffert, mêmement du temps de notre dit oncle, dont à toujours devons et les nôtres avoir mémoire; et pour ce, comme tenons que sçavez assez que notre cousin de Bourgogne et autres ses alliez sont délibérez, en venant contre leur serment et honneur, de nous faire tous maux et dommages à eux possibles,.. »

Louis XI, dans la suite de la lettre, écrite à Compiègne le 10 août 1467, demande aux Seigneurs et États de Bar leur appui contre Charles le Téméraire.

Non-seulement la famille régnante de Lorraine était une branche de la famille royale, non-seulement ses princes passaient des années entières à la cour de France, mais l'exemple donné par Louis XI fut constamment suivi, les deux branches contractaient sans cesse l'une avec l'autre des alliances matrimoniales. Ainsi Antoine, duc de Lorraine, né le 4 juin 1489, que Louis XII avait fait instruire près de lui, épousa, le 26 juin 1515, au château d'Amboise, Renée de Bourbon, fille de Gilbert de Bourbon, comte de Montpensier. Charles III, né à Nancy, le 18 février 1542, élevé à Paris sous les yeux du roi, devint le gendre de Henri II, qui l'unit avec sa fille Claude, le 22 janvier 1559. Le successeur de Charles III, Henri II de Lorraine, né à Nancy le 8 novembre 1563, fut marié, le 30 janvier 1598, avec Catherine de Bourbon, sœur du roi Henri IV. J'aurais pu allonger cette nomenclature : trois exemples suffiront.

La dynastie régnante de Lorraine avait pour branche cadette les ducs de Guise. Le chef de cette ligne collatérale fut Claude de Guise, fils puîné de René II, venu au monde le 20 octobre 1496. Comme la branche aînée, elle contract de nombreuses unions avec la Maison royale de France Claude lui-même épousa, à Paris, le 12 juin 1513, Antoinett de Bourbon, qui avait pour père François de Bourbon, du de Vendôme. Son troisième fils, baptisé du même prénom tige d'une seconde branche cadette, la maison d'Aumale, eu avec la famille royale une parenté de la main gauche : 1 1er août 1547, Louise de Brézé, qui devait le jour à Louis de Brézé, comte de Maulévrier, et à la duchesse de Valentinois, la célèbre Diane de Poitiers, devint sa femme.

Personne n'ignore le rôle considérable que la maison de Lorraine et la famille de Guise ont joué dans l'histoire de la monarchie française. Par leur ambition, par leurs talents, par leur esprit d'intrigue et leur activité, les princes de cette race illustre sont arrivés si près du trône qu'ils ont failli s'en emparer. Qui ne connaît le célèbre François de Guise, surnommé le Balafré, son fils Henri, blessé comme lui au visage et portant le même surnom, son autre fils Charles, duc de Mayenne, qui disputa la France à Henri IV et fut presque roi sous un titre équivoque, ce fameux cardinal de Lorraine enfin, dont l'esprit subtil seconda les plans de ses frères? Est-il possible de regarder comme des princes allemands ces chefs de parti, mêlés si intimement à l'histoire de France ? Nous allons voir le plus noble d'entre eux employer tout son talent, tout son courage, à rendre définitive la possession de Toul, Metz et Verdun, annexés par les Valois aux domaines de la Couronne. Cette acquisition des Trois Évêchés est un des griefs prétendus, sur lesquels l'Allemagne insiste avec le plus de fureur et d'obstination ; je ne dirai point avec le plus de mauvaise foi, car sa mauvaise foi est partout égale. Elle atteint des profondeurs où n'était pas encore parvenue la déloyauté humaine. Le lecteur va en juger.

Au milieu de l'année 1551, la France et la Lorraine jouissaient d'une tranquillité bien rare dans ces temps de luttes et d'agitation, quand une ambassade allemande parut à la cour de Henri II. L'empire germanique ne possédait guère, après l'empereur, de personnages plus importants que ceux qui la composaient. A leur tête se trouvait le redoutable capitaine Maurice, électeur de Saxe, puis venaient Georges-Frédéric de Brandebourg, Jean-Albert, duc de Mecklembourg, Guillaume, landgrave de Hesse, l'électeur de Brandebourg, ancêtre du roi de Prusse actuel, le comte palatin, le duc des Deux-Ponts, le marquis de Bade et quelques autres seigneurs, presque tous les aïeux, en un mot, des rois et des princes qui saccagent maintenant la France. Ils exposèrent à Henri II que l'empereur Charles-Quint ne leur laissait ni liberté de conscience ni liberté d'action, ravageait leurs territoires, prenait leurs villes, mettait à mort les protestants, violait toutes les lois de la constitution germanique, et traînait partout à sa suite, comme des bêtes fauves enchaînées, le duc Jean-Frédéric de Saxe et le landgrave Philippe de Hesse. Une alliance fut conclue entre le roi et les mécontents.

« Un des articles de cette ligue étoit que le Roy commenceroit par se rendre maître *des quatre villes impériales, qui ne sont point de la langue germanique*, sçavoir : Cambray, Metz, Toul et Verdun, pour les garder comme vicaire du Saint-Empire. Le Roy ne disputa pas sur cette qualité : il n'étoit pas question alors de faire valoir ses droits de protecteur sur les villes de Metz, Toul et Verdun ; il ne s'agissoit que de s'en mettre en possession, sauf à voir ensuite sous quel titre il les retiendroit » (1).

Pour mieux séduire le roi, pour l'attacher plus sûrement à leur cause, les princes d'Allemagne insérèrent dans le traité la clause suivante : « La première fois que les électeurs devront nommer un nouvel empereur d'Allemagne,

(1) *Histoire ecclésiastique et civile de la Lorraine,* tome II, colonne 1296. Les mots soulignés prouvent que Metz, Toul et Verdun étaient alors, aux yeux même des princes germaniques, des villes complétement françaises. Après leur entrée à Metz, les Allemands se sont pourtant désolés de ne plus trouver aucune trace de la langue germanique ; les feuilles d'outre-Rhin ont publié à cet égard toutes sortes de lamentations, disant que de longues sévérités pourraient seules retablir l'ancien état de choses. Il eût été plus honnête et plus sensé de faire quelques recherches.

nous promettons de nous conduire comme le voudra Sa Majesté le roi de France, de ne choisir aucun prince qui ne soit son ami, qui ne veuille entretenir avec lui des rapports de bon voisinage et qui n'en prenne l'engagement formel. S'il plaisait au roi lui-même d'obtenir cette dignité, nous lui donnerons nos voix de préférence à tout autre. » Ce n'était donc pas seulement une province qu'on lui offrait : c'était la couronne même de l'empire germanique.

Henri II et les autres princes ligués publièrent aussitôt des manifestes pour justifier leur conduite. « Le Roy disoit, entr'autres choses, que depuis qu'il étoit monté sur le trône, il n'avoit jamais eu en vue que le repos de l'Empire et l'avantage de la religion catholique. Il se plaignoit que l'Empereur eût sollicité Mme Christine, sa nièce, duchesse de Lorraine, de refuser à la couronne de France l'hommage pour le duché de Bar ; qu'il eût réduit l'Allemagne en servitude et eût fait tous ses efforts pour envahir le royaume de France » (1).

Ainsi s'exprime Dom Calmet. On trouve dans Robertson une analyse un peu plus détaillée du manifeste. « Après avoir rappelé, dit-il, l'ancienne alliance qui subsistait entre les nations française et germanique, descendues l'une et l'autre des mêmes ancêtres, et après avoir parlé des ouvertures qu'en conséquence de cette ancienne union quelquesuns des plus illustres princes d'Allemagne lui avaient faites, pour lui demander sa protection, Henri déclarait qu'il allait prendre les armes pour rétablir l'ancienne constitution de l'Empire, pour délivrer quelques-uns de ses princes de la servitude, et pour assurer les priviléges et l'indépendance de tous les membres du corps germanique ; il prenait, dans ce manifeste, le titre de *protecteur des libertés de l'Allemagne et de ses princes captifs* » (2).

Les alliés commencèrent presque en même temps leurs opérations militaires. Pendant que les souverains teutoni-

(1) *Histoire de Lorraine*, loc. cit.
(2) *Histoire de Charles-Quint,* livre dixième.

ques marchaient vers Augsbourg, le roi de France dirigea une nombreuse armée, dès la mi-mars, vers la Lorraine. Elle était commandée par le connétable Anne de Montmorency, Claude de Lorraine, duc d'Aumale, colonel de la cavalerie légère, et Gaspard de Coligny, placé à la tête de l'infanterie française. Henri II voulait se trouver en personne à cette expédition, mais il fit prendre les devants aux troupes, qu'il se proposait de rejoindre sur les frontières de la Lorraine.

En voyant les préparatifs guerriers de la France, là duchesse Christine de Danemarck, régente de Lorraine, ayant expédié un message à l'empereur Charles-Quint, son oncle, pour lui demander quel parti elle devait prendre, le glouton couronné, type de Gargantua, lui fit répondre que la distance où il se trouvait et ses propres affaires ne lui permettaient pas d'envoyer à son secours; mais il lui conseillait de s'adresser au roi de France, le sollicitant d'épargner et de protéger le pays; elle pouvait être sûre, d'ailleurs, que les troupes allemandes n'y feraient aucun dégât.— Si la Lorraine n'avait pas été indépendante, Charles-Quint aurait-il jugé convenable de mettre une province germanique sous la tutelle du roi de France?— La duchesse alla donc au devant de Henri II, qu'elle rencontra comme il venait d'arriver à Joinville. Lui ayant exposé le but de sa démarche, il la combla de politesses, mais lui fit entendre que la guerre avait d'inexorables nécessités, que la Lorraine étant frontière de ses États, il devait se mettre en garde contre Charles-Quint et, par mesure de précaution, placer dans le duché ses avant-postes. Christine n'ayant put fléchir sa résolution, le pays fut occupé militairement par des troupes françaises, qui n'éprouvèrent aucune résistance.

Le roi passa par Vaucouleurs et arriva, le 11 avril, à Sorcy, où il avait l'intention de coucher. Il y trouva les cent-suisses de la garde, en tenue de campagne. Les habitants des trois diocèses le voyaient approcher avec si peu d'inquiétude et redoutaient si peu la domination française, que, le lendemain, les députés de Toul et de Verdun lui vinrent souhaiter la bienvenue et faire leur soumission. Le mercredi saint, 13 avril, le prince entra donc à Toul en appareil militaire, escorté par le duc de Guise, qui commandait environ 700 hommes d'armes, et suivi de ses chevaux-légers. Ces escadrons, ayant traversé la ville, allèrent camper dans une prairie, où se trouvaient déjà les lansquenets et les Suisses. Le cardinal de Lorraine arriva le même jour, comme légat du Saint-Siége dans les trois évêchés; il logea au monastère de Saint-Mansuy.

Jamais installation d'une nouvelle autorité ne fut plus pacifique. Comme si la bonne volonté des habitants ne suffisait pas, un représentant du souverain pontife venait, pour ainsi dire, sanctionner l'expédition. Aussi le roi en prit-il à son aise. Le 14 avril, qui était le jeudi saint, il servit douze pauvres à table, leur lava les pieds, donna une robe de drap rouge à chacun d'eux et sept écus. La cérémonie eut lieu dans la galerie du palais épiscopal, où le roi Henri était descendu. Il partit ensuite de Toul pour Nancy, laissant dans la ville 500 hommes de garnison, sous les ordres du sieur Desclavolles (1).

Metz ne fut pas annexée au royaume de France avec beaucoup plus de peine. Parmi les villes impériales, dont les princes allemands étaient convenus que Henri II se saisirait, nulle autre n'avait la même importance. Le cardinal Robert de Lenoncourt, attaché de cœur à la France, y exerçait les fonctions épiscopales; deux personnages très-influents de la ville partageaient ses sentiments : Robert de Heu, auquel il avait donné une de ses parentes en mariage, et son frère, Gaspard de Heu. Beaucoup de nobles étaient dans les mêmes dispositions, comme Michel de Gournay, les seigneurs de Rayecourt, de Viller, de Moulins, de Coussy, de Barisy et Androyn Roussel. Il faut y ajouter François de Gournay, le maître échevin, qui témoignait une égale sympathie pour la France. Des alliés si nombreux, si puissants, devaient faciliter l'entreprise.

Les bourgeois de Metz, n'étant pas dans le secret, furent bien étonnés d'apprendre qu'une armée royale marchait

(1) Benoit, *Histoire de Toul*, p. 639.

vers leurs frontières : avant qu'elle eût franchi les limites de leur territoire, ils envoyèrent au connétable de Montmo rency une députation chargée de lui offrir des vivres et même d'accorder à Henri II le libre passage dans leur ville, pourvu qu'il se présentât seulement avec une faible escorte.

Le général leur fit une réponse hautaine, leur dit qu'il connaissait leurs sentiments hostiles envers le roi et leurs menées favorables à l'empereur ; que leurs offres mesquines ne valaient pas même la peine d'être soumises au prince ; qu'il portait partout avec lui la clef des lieux où il voulait entrer, et que s'ils prétendaient lui imposer des conditions, c'était à eux de bien garder leurs remparts.

Cette fière déclaration intimida et troubla les citadins. C'était justement l'effet qu'avait voulu produire le connétable. Les citoyens de Metz délibérerent tumultueusement : ceux-ci voulaient conserver leurs antiques franchises, ceux-là aimaient mieux accepter la protection et l'autorité du roi. Pendant qu'ils débattaient ces questions, l'artillerie était arrivée à Toul, avec les vieilles bandes françaises et les lansquenets, qui devaient former l'avant-garde. Un jour donc, de grand matin, le connétable arriva aux portes de Metz, s'établit dans un monastère voisin et députa les capitaines Bourdillon et De Tavannes, pour annoncer aux magistrats qu'il allait faire passer à travers leurs rues l'armée royale, qui camperait sur une prairie située au delà, de peur de les incommoder. Il les priait aussi de permettre que Henri II logeât dans leur ville, seulement avec sa garde ordinaire, afin d'organiser et de surveiller la distribution des vivres.

Les bourgeois étaient fort indécis. Le château de Gorze, bâti à quatre lieues de Metz, et défendu par une troupe de malandrins qui prétendaient le tenir pour l'Empereur, venait d'être emporté du premier coup ; le duc d'Aumale avait anéanti à la fois les bandits et le repaire. Les citoyens de Metz comptaient qu'ils tiendraient au moins huit jours, et il s'en fallait bien qu'ils eussent achevé leurs préparatifs de défense. La chute si prompte de ce poste avancé ayant déjoué leurs calculs, ils cherchaient divers prétextes pour gagner du temps, pour ajourner la réponse qu'attendaient les sieurs Bourdillon et De Tavannes ; pendant qu'ils tergiversaient, quelques citoyens notables, gagnés par l'évêque de Metz, quittèrent secrètement la ville et allèrent trouver le connétable, qui les reçut comme s'ils apportaient le consentement des magistrats. Il leur dit qu'il ne pouvait entrer seul, mais promit de se faire accompagner seulement par les gentilshommes de sa maison et par un détachement de trois cents cavaliers.

C'était une ruse, un de ces stratagèmes que les principes de l'art militaire ont toujours autorisés. Un escadron ne lui paraissant pas suffisant, Montmorency voulait en introduire cinq ; pour dissimuler le nombre des hommes, il fit rompre les rangs à quinze cents cuirassiers d'élite, qui prirent les devants et se saisirent des portes, tandis que leur chef retenait, en causant, les échevins. Quelques gentilshommes du connétable pénétrèrent dans la place avec les cavaliers. Survint alors, comme par hasard, le seigneur de Peloux à la tête de cent chevaux-légers, qui suivirent les lourds escadrons. La Chronique manuscrite de Metz assure que les magistrats étaient d'accord avec les Français, qu'ils avaient ordonné aux bourgeois de se tenir dans leurs demeures. Il n'y eut donc pas de lutte, aucune démonstration hostile de la population. Aussitôt que le duc eût franchi la porte, la ville fut investie par cinq ou six cents cavaliers et par une infanterie beaucoup plus nombreuse, qui se cantonnèrent dans les villages d'alentour. Sur l'ordre de Montmorency, les autorités municipales congédièrent les troupes qu'elles avaient rassemblées dans la ville, et le connétable envoya sur-le-champ avertir le roi de France qu'il pourrait y faire une entrée solennelle, quand bon lui semblerait.

Le 18 avril 1552, qui était le lundi de Pâques, le prince arriva donc sous les murs de Metz, où il passa la revue de son armée. Puis il entra dans la ville, armé de toutes pièces, sauf le casque. Les échevins portaient le dais sous lequel chevauchait Henri II. Les seigneurs de la cour le précédaient et le suivaient, en appareil militaire et en bon ordre. Le prince fut reçu par les magistrats, qui lui adressèrent une harangue, le suppliant de respecter leur constitution et leurs franchises. Le roi leur répondit qu'il les traiterait comme siens. Il prit ensuite le chemin de la cathédrale, où il fit sa prière, et alla en dernier lieu s'établir au palais épiscopal. On abattit deux colonnes érigées depuis peu sur la place d'armes, au sommet desquelles on avait fixé des aigles impériales, avec la devise de Charles-Quint : *Ultra*, faisant allusion à ce qu'il avait porté sa puissance au delà des colonnes d'Hercule, et on leur substitua un arc de triomphe, où ressortait le croissant de Henri II, expliqué par cette devise : *Donec totum impleat orbem*, que suivaient les mots : *Henricus, Galliarum rex, sacri Imperii romani protector.*

Le souverain ne demeura que trois jours à Metz, pendant lesquels les magistrats lui prêtèrent serment de fidélité. Il nomma gouverneur de la ville Artus de Cossey, frère du maréchal de Brissac, et lui donna un corps de cinq mille hommes pour former la garnison. On augmenta aussitôt les ouvrages de la place, signe manifeste que le roi avait l'intention de ne jamais s'en dessaisir.

Le 21 avril, Henri II se mit en route pour Strasbourg et, après une tentative infructueuse, revint par la Lorraine dans les Trois Évêchés. Lui ayant fait d'avance leurs soumissions, les habitants de Verdun l'attendaient. Le 12 juin, il entra dans la ville, n'ayant qu'une faible escorte. On l'y reçut avec de grands honneurs. Il y passa la journée du lendemain, parcourut la cité, jugea indispensable d'élever des fortifications alentour et de construire une citadelle dans la partie la plus haute, où se trouvaient les jardins de l'évêché. Le prélat en fonctions était le cardinal de Lorraine, partisan dévoué de la France. Le prince témoigna aux autorités laïques et aux bourgeois les dispositions les plus bienveillantes, leur promit qu'ils vivraient en sécurité sous sa protection et sauvegarde, comme ses autres sujets, leur recommandant d'obéir avec docilité au cardinal de Lorraine, qui était à la fois leur évêque et leur seigneur. En partant, il laissa comme gouverneur de la ville le seigneur de Tavannes qui, indépendamment de sa compagnie, avait douze cents hommes de pied sous ses ordres. Il allait assiéger Ivoy, qui passait alors pour une place de guerre importante.

Dès qu'il se fut éloigné, une scène des plus mémorables eut lieu dans Verdun. Pour confirmer le pouvoir du roi, pour sanctionner sa prise de possession, l'évêque eut l'idée d'en appeler au suffrage universel des habitants. Le peuple et les États furent convoqués dans son palais, où il monta sur une estrade afin de les haranguer. Il leur exposa d'abord que le roi de France était plein de bonne volonté à leur égard, qu'en toute circonstance il les traiterait avec douceur et avec affection. Il leur parla ensuite de la liberté dont ils croyaient jouir, leur montra que c'était une illusion, une fausse indépendance ou plutôt une servitude réelle, puisque leurs magistrats les vexaient, les tyrannisaient de mille façons, ne se départant jamais de leur morgue et de leur insolence. Il ajouta que, pour rendre leur condition plus heureuse, il fallait réformer leur gouvernement civil, nommer d'autres magistrats et rendre à l'évêque la puissance temporelle dont on l'avait injustement dépouillé.

Quand il eut terminé son discours, il demanda au peuple si ses observations lui paraissaient justes et s'il adoptait ses propositions. Les assistants firent une réponse favorable. On convint alors que le lendemain, au sortir de la messe, le cardinal lirait devant la population assemblée les nouveaux statuts qu'il voulait leur soumettre, et qui régiraient à l'avenir la cité. Les clercs, les magistrats, les notables et le peuple écoutèrent avec la plus profonde attention la charte rédigée par l'évêque : elle obtint l'approbation générale. Le prélat, en conséquence, changea tout le personnel administratif, donna aux employés nouveaux les clefs des archives, leur déclara que leurs charges seraient annuelles et entièrement soumises à son autorité.

Pour célébrer ce grand pacte, cette révolution accomplie sans effort et avec l'aide du suffrage universel, le cardinal de Lorraine voulut faire une imposante procession, où il porta le saint-sacrement par toute la ville. Après avoir ainsi remercié Dieu, il alla rejoindre sous les murs d'Ivoy le prince français. La ville fut attaquée le 20 juin ; le comte de

Mansfeld, qui la défendait au nom de l'empereur, y montra une bravoure extrême; malgré son courage, elle ne tarda point à capituler. Montmédy, Trelon, Glayon, Chimay et quelques autres petites places ne purent tenir devant l'armée française; ayant ainsi terminé l'expédition et se trouvant harassée de fatigue, le roi jugea nécessaire de lui donner du repos ; il mit en quartiers une partie de ses troupes et congédia le reste par économie, bien qu'on fût seulement arrivé à la fin du mois de juillet. Avec le duché de Bar, qui était un fief de la couronne de France, les Trois Évêchés formaient la moitié occidentale de la Lorraine, où l'autorité du roi se trouva dès lors établie sans partage.

III

Tel est le récit exact, authentique des faits qui ont amené l'incorporation de Metz, Toul et Verdun à la monarchie française. Voilà cette abominable expédition, ce rapt scandaleux, dont l'Allemagne s'indigne encore, ou paraît s'indigner, au bout de trois cent dix-huit ans. Elle réclame comme des villes allemandes des villes qui étaient alors complétement françaises, qui n'avaient cessé de l'être à aucune époque, des territoires où n'a jamais pénétré, où ne s'est jamais établie la race germanique. On a vu de quelle manière la population accueillit les Français, quelles sympathies nombreuses et puissantes facilitèrent l'annexion du pays. Ce n'était pas la première marque d'attachement que les indigènes donnaient à leurs compatriotes : un événement célèbre entre tous avait proclamé leurs sentiments à la face du monde. C'était dans l'évêché de Toul, au village de Domrémy, qu'avait vu le jour la plus dévouée, la plus noble, la plus touchante des héroïnes, cette Jeanne d'Arc, sans laquelle la France aurait pu être démembrée au quinzième siècle, comme on menace de la démembrer maintenant. Était-ce l'amour de l'Allemagne ou l'amour de la France qui animait son cœur d'un enthousiasme intrépide? Était-ce les Teutons ou les fils de la Gaule que son patriotisme sublime appelait au combat? Si l'esprit de l'homme survit à la dissolution de ses organes, s'il y a en nous un élément impérissable, de quelle horreur doit être saisie son âme si pure et si magnanime, en voyant qu'on réclame comme une province germanique le pays où elle est née, qu'on saccage sous ce vain prétexte la France d'où elle a chassé d'autres envahisseurs, qu'on masque, pour tromper l'Europe, le bûcher qui a dévoré sa jeunesse, l'autel glorieux et terrible sanctifié par ses dernières larmes, par son agonie et son sacrifice? Et toi, Schiller, poëte digne de la comprendre, toi dont le génie l'a chantée, adorée, comment juges-tu les ineptes sophistes que je combats, qui frelatent l'histoire et déshonorent la science?

Ah! vous prétendez que l'innocente ruse de guerre, par laquelle le duc de Montmorency pénétra dans la ville de Metz est un crime irrémissible; ah! vous poussez à ce propos de tels cris de fureur que les hurlements de vos aïeux, quand ils attaquaient les légions romaines, étaient une suave mélodie en comparaison! Que dira donc la postérité, lorsqu'elle suivra dans tous ses détails la prodigieuse intrigue, qui vous a livré cette même place forte, qui a trompé, aveuglé deux scélérats, auxquels l'histoire réserve l'immortalité d'une infamie unique et sans exemple? Fouillez toutes les annales du genre humain, vous n'y découvrirez pas de traîtres plus ignominieux et plus stupides que vos complices de cette année, vos hôtes bienvenus, vos associés dans le pillage et la ruine de la France, Bazaine et Coffinières. Vous les ménagez, vous les choyez pourtant; vous leur souriez, vous leur pressez les mains peut être!

Mais il ne suffit point aux auteurs allemands de dénaturer les faits, d'incriminer des actions permises : avec une assurance, que rien ne déconcerte, ils inventent des circonstances odieuses, ils content des légendes funèbres qu'ils donnent pour des événements réels. Dans un article publié par la *Correspondance de Berlin*, on lisait ce passage qu'une foule de journaux ont traduit ou reproduit ;

« Une fois dans la place, le connétable, après avoir prolongé encore un peu la comédie, pensa qu'il fallait frapper un grand coup pour se rendre maître absolu de la ville, c'est-à-dire qu'il résolut de se défaire de tous ceux qui, dans le conseil des échevins, étaient mal intentionnés pour la France. Il se mit au lit, comme s'il était malade à la mort, et fit appeler à son chevet les membres du magistrat messin, pour qu'ils fussent, disait-il, les témoins de son testament. Mais il ne les vit pas plutôt réunis dans sa chambre que, sautant hors de son lit, il transperça lui-même de son épée les doyens des échevins, tandis que ses soldats dépêchaient les autres. Pour obtenir la vie sauve, le reste des bourgeois récalcitrants se rendit à merci (1). »

Quel conte de Perrault! quel pastiche de la Barbe-Bleue! Pourquoi le duc de Montmorency, ayant trouvé une si faible opposition et tant de sympathie dans la ville de Metz, aurait-il employé la perfidie et la violence? Même en supposant qu'elles fussent dans son caractère, ce qui resterait à prouver, il aurait encore fallu que ces moyens condamnables pussent lui servir; un connétable de France n'est pas un gamin et un écervelé. Or, tuer de braves échevins qui ne soufflaient mot, qui ne détestaient point la France, qui ne se gendarmaient point contre elle, c'eût été non-seulement un crime inutile, mais une faute absurde, une niaiserie cruelle. Aussi le duc de Montmorency ne l'a-t-il point commise; pas un seul texte n'en parle, n'y fait même allusion. Cette histoire est une ballade germanique, un détail de mise en scène inventé par les scribes teutons. O bêtise humaine, quels résultats merveilleux tu produis dans les cervelles allemandes!

C'est néanmoins en se prévalant de ces impostures que la

(1) L'inventeur de ce conte est un nommé H. Scherer, qui l'a publié en 1842, dans l'*Annuaire historique* de Raumer. Adolphe Schmidt, professeur à l'université d'Iéna, le reproduisit en 1859, dans une brochure intitulée : *L'Alsace et la-Lorraine, mémoire sur la manière dont ces provinces ont été ravies à l'empire d'Allemagne.* Depuis lors tous les écrivains allemands ont répété la scène chimérique avec une aveugle confiance.

Correspondance de Berlin a osé dire : « La France aura perdu Metz beaucoup plus glorieusement qu'elle ne l'avait acquis. C'est par la fraude et la corruption que cette ville devint française, et l'histoire des *Victoires et Conquêtes* de la grande nation n'a guère de page moins honorable que celle-là. » Voyez-vous la France *qui perd glorieusement une ville* et qui doit se féliciter de l'avoir perdue ? On a sans doute changé au delà du Rhin les principes du style, comme on y abolit les lois de l'humanité.

Cependant la réunion des diocèses de Toul *la sainte*, de Metz *la riche* et de Verdun *la noble* au territoire de la France, accomplie avec tant de facilité, devait exciter en Allemagne des protestations et faire naître une lutte sérieuse. Pendant l'expédition de Henri II, les princes d'Allemagne, secondés par la France, avaient battu Charles-Quint, l'avaient forcé de conclure la paix avec eux et de relâcher les nobles captifs qu'il trainaît depuis cinq ans parmi ses bagages. L'établissement de la domination française dans les Trois Évêchés le transporta de colère. N'ayant plus d'ennemis sur les bras dans les provinces germaniques, il assembla de nouvelles troupes et marcha en toute hâte vers le Rhin, feignant de vouloir assaillir le marquis Albert de Brandebourg, qui ravageait les principautés ecclésiastiques de Trèves, de Mayence, et les environs de Spire. Le 20 septembre, il passait à Strasbourg le grand fleuve dont les bords sont si cruellement disputés. Il alla ensuite camper à Haguenau, puis à Landau, où il s'arrêta seize ou dix-sept jours, laissant reposer ses soldats et attendant ceux qui n'avaient encore pu le rejoindre. Le marquis de Brandebourg, trop faible pour lutter contre l'Empereur, s'éloignait à mesure qu'il avançait et, ayant passé la Moselle, se jeta dans le Luxembourg, puis dans la Lorraine, mettant tout à feu et à sang avec une barbarie teutonique.

Henri II épiait de loin les mouvements du chef de l'Empire. Devinant, malgré sa feinte, qu'il en voulait à la France, il prit ses mesures. Dès le commencement du mois d'août, il envoya un général à Metz. Et qui choisit-il pour défendre cette place, pour garder vers l'orient toute la frontière du royaume? Un prince lorrain, François de Guise, jeune capitaine de trente-trois ans, qui était né au mois de février 1519. « Il avait une taille au-dessus de la moyenne, dit un de ses historiens, le visage long, les yeux grands et bien fendus, le teint olivâtre, la barbe et les cheveux rares et châtains. Il montrait une douceur et une modération étonnantes dans l'une et l'autre fortune ; indulgent pour ses amis, clément envers ses ennemis, infatigable dans les travaux de la guerre, il était si peu délicat pour sa personne que pas un soldat dans l'armée ne s'épargnait moins que lui. François nommait les blessures les marques d'honneur des gens de guerre. La nature lui avait donné une éloquence mâle et militaire, et un ascendant qui le rendait maître de ceux avec lesquels il traitait. Il parlait peu et par sentences. Son plus grand plaisir était de louer et de récompenser les belles actions : aussi les officiers et les soldats étaient-ils charmés de servir sous ses ordres. Il dormait très-peu en campagne, et ordinairement avec son costume et ses armes. » Le soir, il se couchait, feignait de vouloir dormir, mais bientôt se levait, rôdait dans le camp, examinait les postes, surveillait toute l'armée ; quand il avait fini sa ronde seulement, il prenait quelque sommeil. Après midi, lorsqu'il avait inspecté officiellement ses troupes, placé les gardes, il se jetait sur son lit et s'accordait un moment de repos.

Le choix d'un capitaine si habile et si honorable fit tressaillir de joie toute la noblesse française. Avec le belliqueux empressement, qui lui faisait rêver la gloire et dédaigner la mort, elle accourut sous ses drapeaux. On vit plusieurs princes du sang, beaucoup de grands seigneurs et tous les jeunes officiers qui purent en obtenir la permission, se jeter dans Metz pour y servir comme volontaires. Ces illustres combattants électrisèrent la garnison. La place n'était pas en état de soutenir un siége : tout le monde, même le duc de Guise, travailla aux fortifications ; les soldats, encouragés par l'exemple de leurs chefs, supportèrent gaiement les plus rudes fatigues (1). On rasa les faubourgs, sans

(1) Robertson : *Histoire de Charles Quint*, livre XI.

épargner les monastères et les églises, pas même la vieille basilique de Saint-Arnulphe, où dormaient dans la poussière du tombeau plusieurs rois de France. On exhaussa les murs, on élargit les fossés. Toutes sortes de munitions et de provisions furent amenées des campagnes environnantes; on brûla les moulins, on détruisit les grains et les fourrages qu'on ne pouvait mettre à l'abri, et la place fut en état de braver Charles-Quint.

Il approchait, le sournois empereur, à la tête de soixante mille hommes, avec sept mille pionniers et cent quatorze pièces de canon. Il se logea dans Thionville, pour y soigner sa goutte, et confia les opérations du siége au duc d'Albe, au marquis de Marignan, aux plus habiles généraux d'Italie et d'Espagne. Vaine précaution! à peine les assaillants parurent-ils devant les murs, qu'une sortie furieuse mit en déroute l'avant-garde impériale. Metz fut cependant investie, mais les travaux du siége avancèrent lentement. Octobre finissait; novembre amena la pluie, la neige, des vents glacés, des nuits sans fin, une température désastreuse. Les soldats tombèrent malades, surtout les Italiens et les Espagnols que tourmentait davantage l'âpreté du climat. Les assiégés montraient un courage inflexible. Les brèches que l'artillerie ouvrait pendant le jour se trouvaient réparées pendant la nuit, ou de nouvelles fortifications s'élevaient comme par enchantement sur les ruines des anciennes. Des pans de murailles s'étant écroulés sous les boulets, Charles-Quint résolut de donner l'assaut. Mais toute la noblesse, toute la garnison françaises parurent à l'endroit menacé; leur attitude et leur mine étaient si fières, si belliqueuses, si imposantes, que les troupes consternées demeurèrent immobiles, écoutant comme en rêve les clairons qui sonnaient la charge : il fallut donner le signal de la retraite.

Après cinquante-six jours d'efforts inutiles, de souffrances et de privations, trente mille assiégeants étaient morts. Les maladies augmentaient, la garnison déjouait toutes les ruses et bravait toutes les attaques. L'empereur ulcéré fut contraint d'abandonner l'entreprise.

Alors eut lieu un acte de clémence et d'humanité que les

pamphlétaires allemands passent régulièrement sous silence, d'abord pour ne pas nuire à leur cause, et ensuite parce qu'on ne trouve rien d'égal, ni même de comparable dans toute l'histoire d'Allemagne. Afin qu'on ne me soupçonne pas de complaisance et de partialité, j'emprunte le récit de Robertson, qui n'était porté en aucune manière à favoriser les Français.

« A peine le duc de Guise se fut-il aperçu du dessein des Impériaux, qu'il fit de promptes dispositions pour les inquiéter dans leur retraite. Plusieurs corps d'infanterie et de cavalerie furent détachés pour harceler leur arrière-garde et enlever les traîneurs. La marche de l'armée s'exécuta dans un tel désordre qu'on pouvait l'attaquer sans risque et lui tuer beaucoup de monde; mais, au moment que les Français sortaient de la ville, le spectacle le plus affreux changea toute leur furie en des sentiments de compassion. Le camp des Impériaux était couvert de malades, de blessés, de morts et de mourants. On voyait toutes les routes jonchées de malheureux qui, ayant fait de vains efforts pour s'échapper, étaient retombés de faiblesse et périssaient faute de secours. Ils reçurent de leurs ennemis tous les bons offices que leurs amis ne pouvaient leur rendre. Le duc envoya des vivres pour ceux qui étaient tourmentés de la faim; il chargea ses chirurgiens de prendre soin des malades et des blessés. Les uns furent conduits dans les villages d'alentour, et les autres, que leur état empêchait de transporter si loin, furent mis dans les hôpitaux de la ville, préparés pour les soldats français. A mesure que les blessés et les malades se rétablissaient, le prince les renvoyait chez eux sous bonne escorte, avec de l'argent pour les frais de leur voyage. Ces actes d'humanité, si rares dans un siècle où la guerre se faisait avec plus d'acharnement et de férocité que de nos jours, mirent le comble à la réputation que le duc de Guise avait si bien méritée dans sa glorieuse défense de Metz, et les vaincus eux-mêmes exaltèrent ce héros à l'envi de leurs compatriotes » (1).

(1) Robertson : *Histoire de Charles-Quint*, livre onzième. De Thou,

Quel effet produisit sur l'âme de Charles-Quint cette action touchante? L'effet que la lumière produit sur les hiboux, la générosité sur les lâches et le mérite sur les envieux. Au mois de juin 1553, ayant rassemblé des troupes dans le Brabant et la Flandre, il fondit à l'improviste en Artois, prit Thérouanne avant qu'on pût la secourir, puis attaqua Hesdin et s'en rendit maître; alors le magnanime empereur, dont on avait épargné les troupes, se vengea sur ces communes et de sa défaite devant Metz et de la noble résistance qu'elles avaient opposée à des forces supérieures. Tous les habitants furent massacrés; la plus importante des deux villes, l'antique siége épiscopal de Thérouanne, éprouva le sort le plus cruel: Charles-Quint la fit brûler, démolir, anéantir; jamais elle n'est sortie de ses ruines. C'est maintenant une pauvre bourgade de huit cents habitants (1). La cité jadis illustre a disparu dans une obscurité profonde. Voilà comment l'Allemagne comprend les vertus chevaleresques, l'honneur, la gratitude, le respect du vaincu, la justice et la charité.

Le plaisant de l'affaire (qui croirait trouver du comique dans un sujet pareil?) c'est que la duplicité dont elle accuse la France, elle s'en est elle-même rendue coupable; seulement, l'intrigue qu'elle avait montée ne réussit pas. Mais de ce qu'on exécute mal un tour de fraude, on n'est pas pour ce motif un héros de vertu, un symbole d'innocence. Le maréchal de Vieilleville raconte dans ses mémoires le perfide complot, qui mit en danger la ville de Metz, et la déconvenue des Allemands. Un certain père Léonard, gardien d'un couvent de Franciscains, avait par un zèle affecté, par un habile espionnage de l'armée teutonique, su gagner la faveur du généreux duc de Guise, qui l'avait recommandé au maréchal de Vieilleville, nommé gouverneur de la place récemment acquise. Le saint homme se trouva en rapport avec Marie de Hongrie, sœur de Charles-Quint et régente

Sleidan, le père Daniel rapportent le même fait, et le sieur de Salignac, qui l'avait vu de ses propres yeux, l'a consigné dans sa relation du siége de Metz.

(1) *Histoire de France*, par Henri Bordier et Charton, ii, p. 51.

des Pays-Bas. L'idée lui vint alors de trahir la France pour satisfaire son ambition, de livrer Metz aux Impériaux. Il obtint la promesse ou on le nommerait évêque du diocèse ; chacun de ses religieux, s'ils le secondaient dans son entreprise, aurait une abbaye en récompense ou même un siége épiscopal. Il devait introduire au monastère une trentaine de lansquenets, sous l'habit de son ordre, mettre le feu à une centaine de maisons, pendant que des troupes embusquées près de la ville tenteraient d'escalader les murs ; tout le monde courrait pour éteindre l'incendie, la garnison comme les citoyens ; les soldats travestis et les moines tomberaient alors par derrière sur ceux qui tenteraient de défendre les remparts. L'astucieux gardien séduisit ses compagnons, fit entrer les soldats dans le couvent, prit toutes les mesures nécessaires, et il ne lui manqua plus qu'un sourire de la fortune. Mais le succès ne couronne pas tous les plans perfides. Un agent secret du maréchal, qui observait pour lui à Luxembourg, l'avertit heureusement du danger. Le comte de Mesgue devait attaquer la ville pendant la nuit, avec douze cents arquebusiers lestes et adroits, huit cents cavaliers d'élite et de nombreux gentilshommes. Le sire de Vieilleville courut au monastère, saisit les lansquenets, le père gardien et ses religieux, leur donna pour prison le couvent, puis alla se poster dans un bois, sur le passage des ennemis, en tua 1145, parmi lesquels se trouvaient beaucoup de nobles personnages, et fit 450 prisonniers : le reste s'enfuit au clair de lune. L'aube ne blanchissait pas encore l'horizon, quand le maréchal victorieux rentra dans Metz.

Le sort du gardien et de ses moines ne fut pas décidé sur-le-champ ; mais on sentit la nécessité de faire un exemple : le père Léonard et vingt cénobites furent condamnés à mort. La veille du supplice, on les tira de leurs cachots, et on les réunit tous dans une grande pièce, pour leur donner le temps de se préparer à la mort, en se confessant les uns les autres. Quand les surveillants les eurent quittés, une scène étrange eut lieu. Ce ne fut pas le ciel qui préoccupa les détenus. Furieux de se trouver si près de leurs derniers moments, les Franciscains les plus jeunes accablèrent de reproches le

père Léonard et quatre vieux moines, qui les avaient entraî-
nés à leur perte. Des injures et des malédictions ils en vinrent
aux coups, se jetèrent sur le gardien et ses acolytes, tuèrent
le premier, maltraitèrent si fort les autres qu'ils n'étaient
guère en meilleur état, qu'on fut obligé de les transporter
dans une charrette au lieu de l'exécution, avec le cadavre de
leur chef. On épargna les plus jeunes : leurs complices furent pendus (1).

Les Allemands, on le voit, sont des colombes sans tache :
ils ne mentent pas, ils ne trompent pas, ne convoitent pas
le bien d'autrui, ne dissimulent jamais, ne tendent de piéges
à personne; ils ont horreur de la trahison. Aussi, comme la
moindre faute commise envers eux, comme le moindre oubli
de la délicatesse et des formalités sociales indigne ces nobles cœurs, ces chevaliers du droit et de la vertu, ces mis-
sionnaires de la justice et de la clémence, ces évangéliques
propagateurs de la civilisation !

Depuis le complot manqué du père Léonard, les trois
diocèses de Toul, Metz et Verdun furent tellement regardés
comme appartenant à la France d'une manière définitive
que l'idée ne vint même pas de les réclamer. Sept années
seulement après l'annexion, quand on rédigea le traité de
Cateau-Cambresis, qui avait surtout pour objet les affaires
de Lorraine, on jugea inutile d'aborder cette question résolue.
Philippe II, un aes signataires, s'en préoccupa si peu qu'il rendit à la couronne de France la ville de Stenay, située dans
l'Argonne, sur le territoire de Verdun. Rien ne pouvait être
plus décisif en droit que cette confirmation indirecte. Le
traité de Munster y ajouta une consécration positive, solennelle, entourée de minutieuses garanties. Comme les mêmes
clauses s'appliquaient à l'Alsace, que les deux pays ont eu,
depuis ce temps, le même sort, il faut montrer, avant d'aller
plus loin, comment la province rhénane fut incorporée à la
monarchie française.

(1) *Mémoires de Vieilleville,* livre VI, chap. XXII et suivants. — *De
Thou,* livre XV, p. 522.

IV

Cette réunion eut lieu de la même manière, à peu près, que celle des Trois Évêchés ; mais si l'occasion fut analogue, on ne peut en dire autant des circonstances, qui effrayent l'historien de leur caractère sombre et tragique. Là encore les princes allemands sollicitèrent l'appui, l'intervention, la pitié de la France, mais ils les sollicitèrent dans une horrible détresse. « Des profondeurs de l'abîme, j'ai crié vers toi : Seigneur, Seigneur, exauce ma prière ! » Depuis 1618, la guerre de Trente Ans, cette boucherie allemande qui fut la plus hideuse des luttes humaines, changeait en une mare de sang tout le territoire germanique, à la droite et à la gauche du Rhin. Avec le fanatisme implacable des Teutons, Ferdinand II d'Autriche avait résolu de courber l'Allemagne entière sous le joug du catholicisme ; or, l'Allemagne comptait à cette époque, et dans les provinces septentrionales et dans les États du Sud, neuf luthériens sur dix habitants. Ce qu'il fallut d'opiniâtreté sanguinaire et d'astuce pour accomplir, même imparfaitement, un projet si monstrueux, cette proportion en donne la mesure. Alors fut inventé le système des dragonnades, système introduit plus tard en France par les jésuites, comme une machine de mort. Des bandes de prêtres et des commissaires impériaux, escortés de trois cents soldats, lansquenets ou trabans, se ruaient à l'improviste sur les bourgs et les villages. Le brigand tonsuré, qui leur servait de chef, demandait aux autorités les noms de tous les habitants. On les réunissait dans l'église ou sur la place du marché, on leur débitait un sermon, puis, les supposant convaincus, on les forçait d'abjurer, séance tenante, les doctrines de la Réforme. Une amende, une sentence d'exil ou des coups de bâton punissaient les refus. La moindre hésitation coûtait souvent deux mille ducats. On logeait chez les récalcitrants de nombreux militaires, qui pillaient la maison et ruinaient la famille.

Mais ce n'était là que le début des vengeances catholiques : l'Allemagne devint peu à peu un champ de deuil, que souillaient le carnage, la rapine et le viol, que se disputaient la mort, la faim et le désespoir. Quand j'ai raconté ces affreuses scènes dans des temps plus tranquilles, on a eu peine à me croire (1). Les témoignages cependant n'admettent aucun doute : les bourreaux confirment les plaintes des victimes en se glorifiant eux-mêmes de leurs sauvages excès. La fureur des bandes orthodoxes ne respectait ni les lois de la guerre, ni les lois de la morale, ni les vivants, ni les morts. On démolissait les églises protestantes, on les faisait sauter avec de la poudre, on renversait les murs des cimetières luthériens, on brisait, on dispersait les pierres des tombeaux. Là où la tolérance croissante avait induit à enterrer les dissidents près des catholiques, on exhumait les corps des novateurs, on les jetait dans les champs, on les précipitait dans les fleuves, comme des restes d'animaux. On massacrait la population des villes ou on les réduisait en cendres. On conduisait les villageois, leurs femmes et leurs enfants à la messe en lançant contre eux des boule-dogues, en les lacérant avec des fouets de piqueur. Pour vaincre le stoïcisme des parents qui refusaient d'abjurer leur croyance, on mettait devant eux leurs enfants à la torture. Des provinces entières devenaient désertes; en un grand nombre de villes les rares habitants, qui survivaient au désastre commun, erraient comme des fantômes dans les rues silencieuses, se chauffaient avec les boiseries et les charpentes des demeures abandonnées. Les deux tiers de la nation furent anéantis sur le sol germanique. Des historiens dévoués aux Habsbourgs racontent eux-mêmes que les populations affamées ne dédaignaient ni les charognes de la voirie, ni les cadavres pendus aux gibets ; qu'il fallait, durant la nuit, mettre des postes de soldats dans les cimetières, pour qu'on ne vînt pas déterrer les corps fraîchement ensevelis; que des bandes d'individus, exténués par le jeûne, allaient à la

(1) *Histoire secrète du gouvernement autrichien ;* la troisième édition est épuisée, la quatrième sera bientôt mise sous presse.

chasse aux hommes, les tuaient comme des bêtes fauves, les dépeçaient et les faisaient cuire. Souvent les milices impériales voyaient au loin une troupe d'hommes accroupis, sur la tête desquels ondoyait une fumée de branchages. Elles accouraient, elles dispersaient le groupe mystérieux ; que trouvaient-elles alors? Un chaudron où bouillaient des membres humains (1). L'aveugle obstination, l'inexorable cruauté de la maison d'Autriche avaient obtenu ce grand résultat, produit ce merveilleux effet de ramener les populations à l'anthropophagie. La piété des Habsbourgs justifiait alors, comme celle des Prussiens aujourd'hui, cette observation éloquente de Pline : « Rien de plus trompeur qu'une dévotion perverse, qui abrite le crime derrière la majesté des dieux! »

Sous d'implacables violences se déguisaient effectivement, comme à l'heure où j'écris ces lignes, l'ambition d'asservir toute l'Allemagne et de dominer l'Europe. Mais la France possédait alors un homme d'État, le cardinal de Richelieu. Il sonda du regard l'effroyable hypocrisie, les hideux calculs de la maison d'Autriche, et lui, un prêtre, un cardinal, un chef vénéré de la sainte Église romaine, il prit aussitôt la résolution de venir en aide aux luthériens, de combattre avec l'hérésie les projets de l'Empereur, d'élever entre lui et les États du Nord une muraille infranchissable. Dès l'année 1624, son génie avait interrompu les communications que les deux branches de la dynastie autrichienne s'étaient ménagées dans la Valteline. Cinq ans plus tard, il appelait Gustave-Adolphe au secours de l'Allemagne protestante, et pour laisser toute liberté d'action à son bras héroïque, un agent de la Cour de France négociait heureusement la paix entre le roi de Suède et le roi de Pologne (2).

(1) Hormayr : *Taschenbuch für die vaterlændische Geschichte*, année 1835, page 300.

(2) Le baron Hercule de Charnassé, conseiller d'État. Le traité conclu par la France avec Gustave-Adolphe dit en propres termes : « L'alliance qui se fait présentement entre Leurs Majestés, est respectivement pour la défense de tous leurs amis opprimés, pour rétablir la sûreté du commerce maritime dans la Baltique et sur l'Océan, et aussi pour

Ferdinand II fait assassiner le libérateur, mais le père Joseph, en manœuvrant, à Ratisbonne, auprès de la Ligue catholique, obtient la destitution de Wallenstein, qui paralyse l'Autriche pendant vingt mois. A partir de 1635, les armées de la France soutiennent tout le poids de la guerre. Mazarin continue la politique de Richelieu; Guébriant, Condé, Turenne luttent glorieusement pour le salut de l'Allemagne épuisée, pour l'indépendance des princes germaniques. Partout le sang français coule au profit d'un si noble dessein; Turenne obtient alors ses premiers succès et, plus tard, inspiré par la même cause, meurt dans le duché de Bade, au moment où il prépare une bataille décisive. J'ai vu, il y a trois ans, la place où un boulet frappa en pleine poitrine ce généreux défenseur des libertés allemandes. Les Français visitent seuls la pierre qui la désigne et le monument commémoratif élevé au grand homme; les descendants des populations qu'il a sauvées d'un despotisme atroce devraient y aller en pèlerinage; mais les vices sont frères, comme on dit, et l'ingratitude complète le pandémonium de la perversité germanique.

Pendant que les soldats de la France tombaient en sacrifice dans l'intérêt de l'Allemagne, elle prodiguait son argent pour la même cause. Gustave-Adolphe recevait quatre cent mille écus par an. Le traité de 1634 avec les princes luthériens, à la signature duquel le ministère français donna comptant cinq cent mille livres, atteste que les confédérés du nord en avaient jusque-là reçu un million chaque année. Le plus habile capitaine de la ligue protestante, le duc Bernard de Saxe-Weimar, était à la solde de Richelieu; par suite d'un acte passé avec lui le 26 octobre 1635, on lui remettait annuellement quatre millions de livres, à la condition qu'il entretiendrait pour protéger l'Allemagne et servir la France une armée de douze mille fantassins et de six mille cavaliers, indépendamment d'un corps nombreux d'artilleurs, qui emploierait deux mille chevaux. Louis XIII

remettre tous les princes et États de l'Empire comme ils étaient avant la guerre d'Allemagne, était alors en possession de l'Alsace, par suite d'une clause stipulée avec les princes hétérodoxes dans le pacte précédent. Cette clause qui mérite la plus grande attention, la voici : « Considérant les incommodités et périls de la guerre, auxquels Sa Majesté expose sa personne et ses Estats en leur faveur, les confédérés consentent dès à présent, pour luy tesmoigner leur confiance en elle et pour qu'elle éloigne plus facilement de ces Estats les ennemis communs, comme aussi pour mieux asseurer le pays d'Alsace contre leurs efforts, que ledit pays d'Alsace au delà du Rhin soit mis en dépost et en la protection de Sa Majesté, avec les places et villes qui en dépendent, qu'ils ont prises sur leurs ennemis communs, et spécialement Benfeld et Scelestadt, comme aussi généralement tout ce qui dépend d'Alsace au delà du Rhin. — En outre, lesdits confédérés consentent dès à présent que le Roy puisse avoir entre ses mains la ville de Breisach et autres lieux circonvoisins sur le Rhin de là vers Constance, nécessaires pour le passage des armées. » Eh ! bien, cette province que la France victorieuse avait occupée avec l'aide des princes allemands, que ceux-ci lui avaient offerte en récompense de sa protection, de ses généreux efforts et de ses libéralités, elle eut assez de désintéressement pour la donner comme un fief, par un article secret du traité de 1635 (1), au duc de Saxe-Weimar, avec le titre de landgrave. Bernard étant mort en 1639, la cour des Tuileries se trouva dégagée; la province qui n'avait jamais cessé de lui appartenir ostensiblement, lui fit retour, et elle continua

(1) « Outre ce que dessus, Sa Majesté donne et délaisse audit sieur Duc le Landgraviat d'Alsace, y compris le bailliage d'Hagenau, tenu à présent par les armes de Sa Majesté, pour en jouir sous le titre de Landgrave d'Alsace, avec tous les droits qui ont appartenu cy-devant à la Maison d'Autriche dans ledit pays, à la charge d'y conserver sans aucun trouble l'exercice de la religion catholique, et les personnes et biens écclésiastiques dans toutes leurs francnises et immunités.

» En cas qu'on vienne à faire un traité de paix, Sa Majeste promet de faire tout son possible pour faite conserver audit sieur Duc la jouissance du pays d'Alsace et toutes les donations qui lui ont été faites par la Couronne de Suède, ou lui faire donner une récompense convenable et, autant qu'il se pourra, à son contentement. »

d'y exercer neuf ans encore les droits de souveraineté. Elle la préserva ainsi des fureurs sanguinaires de la Maison d'Autriche.

Cependant elle ne pouvait durer toujours, cette affreuse guerre, où les populations germaniques s'étaient traitées mutuellement avec plus de barbarie que leurs aïeux n'avaient traité l'empire romain. Des bourgeois et des campagnards se donnaient la mort pour échapper à la famine. En Silésie, des parents avaient égorgé leurs fils et leurs filles pour se nourrir. On ne voyait partout que villes en ruines, bourgades abandonnées, tertres funèbres ou ossements épars. L'Allemagne semblait livrée, comme une proie, aux loups, aux renards et aux corbeaux. L'Autriche épuisée ne pouvait plus soutenir la lutte : elle demanda la paix. Les provinces luthériennes furent sauvées d'une ruine totale, d'une oppression fanatique et perpétuelle. Encore un peu de temps, et le sol germanique devenait un désert. Sans l'intervention de Richelieu, la Prusse n'aurait jamais existé.

V.

Dans le pacte longtemps débattu, qui mit fin à la rage homicide, à l'implacable folie que la race allemande avait exercée contre elle-même, la France avait le droit d'exiger des compensations pour les trésors qu'elle avait prodigués, pour le sang qu'elle avait perdu. Pendant les conférences préliminaires, elle seule, intacte et puissante, se trouvait en mesure d'élever la voix. Le traité même prouve que des sentiments magnanimes l'inspirèrent encore. La plus grande partie en est consacrée à garantir les intérêts des princes et des villes libres d'Allemagne. La seule indemnité de guerre qu'elle obtint, ce fut la cession en toute propriété de l'Alsace, où elle régnait déjà militairement, et l'autorisation solennelle de garder à jamais les Trois Évêchés. Les articles qui légalisent, qui déclarent ces deux annexions perpétuelles sont si positifs, si nets, si catégoriques et si obligatoires que nous devons absolument les transcrire :

« Afin que ladite paix et amitié entre l'Empereur et le Roy Très-Chrestien s'affermisse d'autant mieux, et qu'on pourvoye à la seureté publique, du consentement, conseil et volonté des Électeurs, Princes et Estats de l'Empire, pour le bien de la paix, on est demeuré d'accord :

» Premièrement, que le haut domaine, droit de souveraineté et tous autres droits sur les Éveschés de Metz, Toul et Verdun, et sur les villes de ce nom et sur leur diocèse, nommément sur Moyenvic, *de la mesme façon qu'elles appartenoyent cy-devant à l'Empire, appartiendront à l'advenir à la Couronne de France et lui devront estre incorporées à perpétuité, irrévocablement,* sauf le droit de métropolitain qui appartient à l'archevesque de Trèves ;

» Que Monsieur François, duc de Lorraine, soit remis en la possession de l'Évesché de Verdun comme en estant évesque légitime, et qu'on luy laisse administrer paisiblement cest évesché et ses abbayes (sauf le droit du Roy et des particuliers), et jouir de ses biens patrimoniaux, et de ses autres droits, où qu'ils soient situés (en tant qu'ils ne répugnent pas à la cession présente), de ses priviléges, revenus et fruits ; *ayant presté au préalable serment de fidélité au Roy, et pourveu qu'il n'entreprenne rien contre le bien de l'Estat et le service de Sa Majesté.*

. . . .

» En troisiesme lieu, l'Empereur, tant en son nom propre qu'en celuy de toute la Sérénissime Maison d'Austriche, comme aussi de l'Empire, *cèdent tous les droits, propriétés, domaines, possessions et juridictions,* qui jusques icy ont appartenu tant à luy qu'à l'Empire et à la Famille d'Austriche, *sur la ville de Brisach, le landgraviat de la haute et de la basse Alsace, Suntgovie, et la seigneurie provinciale des dix villes impériales situées dans l'Alsace,* à sçavoir Haguenau, Colmar, Schlestadt, Weissembourg, Landau, Oberenheim, Rosheim, Munster au val Saint-Grégoire, Kaisersberg, Zuringheim, et *de tous les villages et autres droits qui dépendent de ladite mayerie, les transportent tous et chacun d'iceux au Roy Très-Chrestien et au Royaume de France*, en sorte que la ville de Brisach, avec tout l'ancien territoire et banage, sans préjudice toutesfois des priviléges et immunités accordés à ladite ville autrefois par la maison d'Austriche, devienne la propriété de la France.

» *Item* ledit landgraviat de l'une et l'autre Alsace et Suntgovie, comme aussi la mayerie provinciale sur les dix villes nommées et leurs dépendances; *item* tous les vassaux, subjets, hommes, villes, bourgs, chasteaux, maisons, forteresses, forêts, taillis, minières d'or, d'argent et d'autres mineraux, rivières, ruisseaux, pasturages, *en un mot tous les droits, régales et appartenances, sans réserve aucune, appartiendront au Roy Très-Chrestien, et seront incorporées à perpétuité à la Couronne de France avec toute sorte de juridiction et souveraineté, sans que l'Empereur, l'Empire, la Maison d'Austriche, ny aucun autre y puisse apporter aucune contradiction. De manière que aucun Empereur, ny aucun prince de la Maison d'Austriche ne pourra ny ne devra jamais usurper, ny mesme prétendre aucun droit et puissance sur lesdits pays tant au delà qu'en deçà du Rhin* (1);

» Le Roy Très-Chrestien sera toutesfois obligé de conserver en tous et chacun de ces pays la religion catholique, comme elle y a esté maintenue sous les Princes d'Austriche, et d'en oster toutes les nouveautés qui s'y sont glissées pendant la guerre (2).

» En quatriesme lieu, par le consentement de l'Empereur et de tout l'Empire, le Roy Très-Chrestien et ses successeurs au royaume auront un droit perpétuel de tenir une

(1) Cet article prouve que le traité de Westphalie concédait irrévocablement à la France non-seulement tout le territoire de l'Alsace, mais encore le territoire possédé par la ville de Brisach sur la rive droite du Rhin.

(2) Ainsi, on prescrivait au régime nouveau l'intolérance et la persécution; par générosité le gouvernement français respecta la liberté de conscience.

garnison au chasteau de Philipsbourg pour sa garde, mai,
limitée à un nombre de soldats convenable, qui ne puissent
donner aucun ombrage et juste soupçon aux voisins, et laquelle garnison sera entretenue aux despends de la Couronne de France. Le passage aussi devra estre ouvert par
eau dans l'Empire au Roy toutes fois et quantes qu'il voudra
y mettre des soldats, y mener des convois et y apporter des
choses nécessaires (1).

. . . .

» L'Empereur, l'Empire, et Monsieur l'Archiduc d'Œni-
pont, Ferdinand Charles, respectivement *délivrent les ordres, magistrats, officiers et subjets de chacune desdites
seigneuries et lieux, des liens et serments dont ils avoyent
esté liez jusques icy et attachés à la Maison d'Austriche,
et les renvoient et remettent à la subjection, obéissance et
fidélité qu'ils doivent prester au Roy et au Royaume de
France ;* et, par ainsi, ils établissent la Couronne de France
en une pleine et juste puissance sur toutes cesdites places,
renonçans dès maintenant et à perpétuité aux droits et
prétensions qu'ils y avoyent; ce que, pour eux et pour
leurs descendans, l'Empereur, ledit Archiduc et son frère
(à cause que ladite cession les regarde particulièrement)
confirmeront par des lettres particulières, et feront aussi
que le Roy d'Espagne Catholique donne la mesme renon-
ciation en deuë et authentique forme. Ce qui se fera au nom
de tout l'Empire, le propre jour qu'on signera le présent
Traité. »

Voilà certes des stipulations bien claires, bien énergiques ;
il semble que tant de précautions soient suffisantes. Mais
l'Allemagne avait soif de légalité, pour ainsi dire : elle
croyait ne pouvoir prendre des mesures trop nombreuses
pour assurer à la France la possession éternelle, irrévoca-

. (1) Il est important de remarquer ici que Philippsbourg se trouve sur
la rive droite du Rhin, entre Germersheim et Spire. On accordait à la
France, pour se protéger contre l'Allemagne, non-seulement le droit
de garnison dans cette ville, mais la libre navigation du Rhin, qui lui
permettait d'y conduire aisément des troupes, des munitions et des provisions.

ble, des deux provinces, et aux garanties qu'on vient de lire
le Traité ajoute des garanties nouvelles.

« Pour une plus grande validité desdites cessions et alié-
nations, l'Empereur et l'Empire, en vertu de la présente
transaction, dérogent à tous et chacun des décrets, constitutions, statuts et coustumes des Empereurs leurs prédécesseurs et du sacré Empire romain, mesme qui ont esté confirmées par serment, ou qui se confirmeront à l'advenir
nommément à cest article du chapitre impérial, par lequel
toute aliénation des droits et biens de l'Empire est défendue;
*et par mesme moyen, ils excluent à perpétuité toutes excep-
tions sur quel droit et tiltres qu'elles peussent estres fon-
dées.*

» De plus on est demeuré d'accord qu'outre la ratification
promise ci-dessus par l'Empereur et par les Estats de l'Empire, en la prochaine diète on ratifiera de nouveau les alié-
nations desdites seigneuries et des droits susmentionnés,
*et partant que si, au chapitre de l'Empereur, il se fait un
pacte, ou si dans les diètes il se fait une proposition à l'advenir de recouvrer les droits et biens de l'Empire esgarés
et distraits, elle ne comprendra point les choses susnom-
mées, comme ayant esté légitimement, et par le commun
advis des Estats, pour le bien de la tranquillité publique,
transportées au domaine d'autry, à cause de quoi on trouve
bon qu'elles soient rayées de la matricule de l'Empire.* »

On croira peut-être impossible d'ajouter à de si minutieuses conventions : les plénipotentiaires n'étaient pourtant
pas encore satisfaits, et ils cherchèrent, ils trouvèrent d'autres confirmations, pour élever un mur d'airain, une barrière perpétuelle et indestructible entre l'Allemagne d'une
part, l'Alsace et les Trois Evêchés de l'autre. Voici les mesures légales qu'ils ajoutèrent par surcroît aux prescriptions
déjà énoncées.

« Pour une plus grande fermeté de tous et chacun de ces
articles, que ceste présente transaction serve de loy perpétuelle et d'une Pragmatique sanction de l'Empire, insérée à
l'advenir, de mesme que les autres lois et constitutions fon-
damentales de l'Empire, nommément au prochain recès de

l'Empire et à la capitulation de l'Empereur (1), n'obligeant pas moins les absents que les présents, les ecclésiastiques que les politiques, qu'ils soyent des Estats de l'Empire ou non, et comme une règle prescrite, laquelle devront suivre perpétuellement tant les Impériaux que les conseillers et officiers des autres seigneurs, comme tous juges et assesseurs de justice.

» Qu'on n'allègue jamais, qu'on n'entende et qu'on n'admette point contre ceste transaction, ny contre aucun de ses articles et clauses, aucun droit canon ou civil, aucun général ou particulier décret des conciles, aucuns privilèges, aucunes indulgences, aucuns édicts, aucunes commissions, inhibitions, mandements, décrets, rescripts, suspensions de droit, sentences en aucun temps données, adjudications, capitulations de l'Empereur, et autres règles et exemptions des ordres religieux, protestations passées ou futures, contradictions, appels, investitures, transactions, serments, renonciations, contracts et encore moins l'Edict de 1629 ou la Transaction de Prague avec ses appendices, ou les concordats avec les papes, ou les interims de l'an 1548, ou aucuns autres statuts politiques, ou décrets ecclésiastiques, dispenses, absolutions, ou aucunes autres exceptions, sous quelque prétexte et couleur qu'on les puisse inventer; et qu'en aucuns lieux ne seront jamais entrepris aucuns procès ou commissions, soit inhibitoires ou autres, au pétitoire ou au possessoire, contre cette transaction.

» Que celuy qui aura contrevenu, par son aide ou par son conseil, à ceste Transaction et Paix publique, ou qui aura resisté à son exécution..... soit ecclésiastique, soit séculier, qu'il encourre la peine d'infracteur de la paix, et que, selon les constitutions de l'Empire, il soit décrété contre luy, afin

(1) La capitulation de l'Empereur était le serment qu'il faisait, le jour de son couronnement à Aix-la-Chapelle, d'observer et de respecter tous les articles, tous les règlements de la constitution impériale. La cession perpétuelle de l'Alsace et des Trois Évêchés à la France a donc été confirmée, depuis 1648 jusqu'en 1792, par tous les empereurs d'Allemagne, en prenant Dieu à témoin devant l'Europe entière.

que la restitution et réparation du tort sorte à son plein effet. »

Le 24 octobre 1648, à Münster, en Westphalie, cet acte rédigé avec tant de soins, pour prévenir toute contestation dans l'avenir, fut signé par les ambassadeurs des puissances contractantes : ces ambassadeurs représentaient Ferdinand III, empereur d'Allemagne, le roi de France, Louis XIV, sous la tutelle de sa mère Anne d'Autriche, l'électeur de Mayence, l'électeur de Bavière, l'électeur de Brandebourg, ancêtre du roi de Prusse actuel, la maison d'Autriche, comme distincte de la cour impériale, l'évêque de Bamberg, l'évêque de Wurtzbourg, les duchés de Saxe-Altenbourg et Cobourg, de Brunswick-Lunebourg, la ville libre de Nuremberg et quelques princes allemands de troisième ordre. Toutes les formalités prescrites par le droit international ayant été ainsi remplies, on peut dire que jamais engagement pris à la face de l'Europe ne fut plus solennel et plus sacré.

Tant de mesures légales et politiques, pour constater, assurer, perpétuer les droits de la France sur l'Alsace, sur les évêchés de Metz, Toul et Verdun, étaient corroborées, qui le devinerait? par une circonstance non moins grave, non moins capitale. Au moment où avaient lieu les préliminaires de paix, la France n'était pas seulement en possession de l'Alsace et de la Lorraine; elle possédait encore par droit de conquête, droit universellement reconnu au dix-septième siècle et invoqué de nos jours par la Prusse, toute la Forêt-Noire, le haut et le bas Brisgau, le comté de Hauenstein, l'Ortenau avec les villes impériales d'Offenbourg, Gengenbach, Cellaham et Harmerspach, le duché de Wurtemberg et, en outre, sur les limites de la Suisse, les quatre villes forestières, Rheinfelden, Seckingen, Lauffenberg et Waldshut. En échange de la propriété perpétuelle que l'Allemagne concédait à la France au delà du Rhin, la France livrait à l'Autriche les territoires occupés par ses troupes. C'était donc une espèce de transaction commerciale qui s'effectuait entre les deux pays : la France recevait des provinces, mais les payait par la cession d'autres provinces. Et le pacte avait si bien ce caractère que la maison d'Autriche demanda, que la France accorda une somme d'argent, comme indemnité finale.

« Pareillement le Roy Très-Chrestien, pour la compensation des parties à luy cédées, fera payer audit seigneur Archiduc Ferdinand-Charles trois millions de livres tournois, dans les années prochainement suivantes : 1649, 1650, 1651, à la feste sainct Jehan-Baptiste, payant chasque année un tiers de ladite somme, à Basle, en bonne monnoye, entre les mains des députés dudit Archiduc. »

A toutes ces stipulations légales, à toutes ratifications politiques on voulut joindre encore, pour plus de sûreté, une consécration morale, et le traité renferme cet article :

« Qu'il y ait de part et d'autre un perpétuel oubli et amnistie ou pardon de tout ce qui a esté fait depuis le commencement de ces troubles, en quelque lieu et en quelque manière que les hostilités ayent esté exercées ; de sorte que ny pour aucune de ces choses, ny sous aucun autre prétexte cy-après, on n'exerce les uns contre les autres aucun acte d'hostilité, on ne se rende aucun traict d'inimitié, on ne se cause aucun empeschement, ny quant aux personnes, ny quant à la condition, ny quant aux biens et à la seureté, et cela ny de soy-mesme, ny par autruy, ny en cachette, ny ouvertement, ny directement, ni indirectement, ny sous espèce de droict, ny par voye de faict, ny dedans, ni dehors l'estendue de l'Empire, nonobstant tous pactes contraires faits auparavant ; qu'on ne fasse et ne permette point estre fait aucun tort et injure à qui que ce soit : mais que tout ce qui s'est passé de part et d'autre, tant avant que pendant la guerre, en paroles, en escrits et en actions injurieuses, en violences, hostilitez, dommages et despences, sans aucun esgard aux personnes et aux choses, soyent entièrement abolies, si bien que tout ce que l'un pourroit demander et prétendre sur l'autre de ce costé-là soit enseveli dans un éternel oubli.

» Et afin que l'amitié réciproque entre l'Empereur et le Roy Très-Chrestien, les Électeurs, les Princes et les Estats de l'Empire, se conserve d'autant plus ferme et sincère, l'un n'assistera jamais les ennemis de l'autre, présents ou à venir, sous quelque tiltre et prétexte que ce soit, ny d'armes, ny d'argent, ny de soldats, ny d'aucunes sortes de munitions, ny ne laissera par ses terres retirer ou séjourner aucunes troupes ennemies de quelqu'un des traictans qui soit membre de ceste pacification. »

Ainsi, le cercle entier des garanties que peuvent offrir la jurisprudence, la politique et la morale pour confirmer, pour sanctionner un acte public, avait été parcouru; toutes les précautions possibles avaient été prises, toutes les ressources de la prudence humaine se trouvaient épuisées; chaque Empereur devait, en outre, le jour de son couronnement, à Aix-la-Chapelle, jurer d'observer fidèlement les clauses du traité de Munster, et cette dernière convention a été exécutée pendant cent quarante-quatre ans. Ou il faut renoncer à tout contrat international, à toute société civile, ou déclarer que jamais pacte ne fut plus obligatoire, jamais engagement ne fut plus respectable et plus sacré. Or, c'est contrairement à des faits aussi notoires, à des stipulations aussi régulières et aussi manifestes, que les scribes et les politiques d'Outre-Rhin osent accuser la France d'avoir soustrait frauduleusement à l'Allemagne la haute et la basse Alsace, les évêchés de Metz, Toul et Verdun! J'en appelle à la conscience de tous les hommes d'État, de tous les historiens, de tous les jurisconsultes : un tribunal européen, formé par tous les hommes compétents, prononcerait sans le moindre doute la condamnation de l'Allemagne.

Et cependant je n'ai pas fini encore de signaler, d'énumérer toutes les promesses, tous les serments, tous les actes diplomatiques par lesquels l'Allemagne a voulu engager sa foi, son honneur, sa politique à observer strictement les clauses du Traité de Munster. La paix de Nimègue, conclue le 5 février 1679, lui offrit une nouvelle occasion de lier sa conscience. L'article II pose comme base du droit public, en Europe, le traité de Munster, le confirme et le sanctionne de nouveau (1). Une seule modification y était apportée, et cette

(1) Le titre même de l'acte, dans le recueil de Dumont, en résume la

modification même prouve que les autres clauses demeuraient en pleine vigueur : Louis XIV et Léopold Ier, empereur d'Allemagne, se bornaient à échanger la place de Philipsbourg contre la citadelle et la ville de Fribourg, en Brisgau. C'était une affaire de pure convenance. La paix de Ryswick, signée le 30 octobre 1697, corrobora les deux pactes précédents : l'article III le déclare d'une manière explicite. Ce traité a d'autant plus d'importance dans la question actuelle, que la France y restituait un grand nombre de villes et de lieux conquis par elle au delà de ses anciennes frontières, consentait à démolir les fortifications de Huningue bâties sur la rive droite; or, bien loin de lui réclamer l'Alsace et les trois Évêchés, l'empereur d'Allemagne, dans cette convention diplomatique, renonce à l'hommage féodal que lui prêtait la ville de Strasbourg, vaine formalité dont la suppression achevait de rendre pleine et entière la souveraineté de Louis XIV sur l'important municipe.

Comment la France usa-t-elle de ses droits dans la province rhénane? Une feuille anglaise, qui n'a point de motifs, comme les Allemands, pour bouleverser et dénaturer l'histoire, jugeait ainsi sa domination, il y a quelque temps : « On ne peut pas alléguer que l'Alsace ait été opprimée par la France. A l'époque où Louis XIV persécutait les protestants dans le reste de son royaume, les luthériens de l'Alsace conservèrent leurs droits, leurs temples, leurs écoles ; le chapitre de Saint-Thomas, riche fondation luthérienne à Strasbourg, garda son indépendance, lorsque les établissements analogues étaient détruits dans les autres provinces (1). La prépondérance de la langue allemande dans les villages d'Alsace est la meilleure preuve que la France n'a jamais contrarié les goûts, les penchants, les habitudes de la population. Les journaux étaient publiés dans les

teneur : *Pax noviomagensis, quâ, Pace Westphalicâ pro firma basi et norma utrinque posita, omnes discordiæ componuntur, Philippi-Burgum Cæsari, Friburgum verò Regi ceduntur.*

(1) Voyez les preuves éclatantes de ces faits que contient mon livre intitulé : *Les Anabaptistes des Vosges.*

deux langues; on prêchait en allemand, on enseignait l'allemand dans les écoles. Les dépositions devant les tribunaux pouvaient être faites en allemand.

» Cette politique, suivie pendant deux siècles par tous les gouvernements français, inspira aux habitants de l'Alsace une vive et sincère affection pour leurs nouveaux compatriotes (1). La révolution française compléta l'œuvre de la monarchie. La liberté, l'égalité rajeunirent la population, tandis que le servage continuait à opprimer l'Allemagne; les paysans devinrent propriétaires, les soldats obtinrent les plus hauts grades dans l'armée, tandis que la noblesse seule commandait dans les armées teutoniques. La Prusse ne détruira pas facilement dans les cœurs des Alsaciens le souvenir de tant de bienfaits. Les conquérants qui piétinent leur sol, ne peuvent invoquer que le droit barbare de la force. Ils ne se hasarderont pas à faire un appel au suffrage universel, quoique la France impériale elle-même n'ait pas annexé la Savoie, sans consulter l'opinion des Savoyards. »

Ainsi, même pour les Anglais, quand ils connaissent l'histoire, les cupides Allemands n'ont d'autres droits sur la province rhénane que ceux de la violence. Des victoires accidentelles, une guerre où ils triomphent sans honneur, les enivrent d'orgueil; mais ces prospérités injustes seront éphémères. Il y a longtemps que les Latins l'ont prédit dans cette observation historique : *Brevis possessio in quam solum gladio inducimur*. (Elles durent peu, les possessions obtenues seulement par le glaive).

VI

Le traité de Westphalie contenait une de ces distinctions puériles et subtiles, où excellent les Allemands. Une sou-

(1) J'ajouterai, d'après mon expérience personnelle, que nulle part l'Allemagne n'est plus détestée, plus méprisée, sans doute parce que c'est le pays où on la connaît le mieux.

veraineté pleine et entière y était accordée à la France, *au nom de la très saincte et indivisible Trinité*, sur les dix anciennes villes impériales de l'Alsace, parmi lesquelles Strasbourg occupait le premier rang (1). Mais il y avait une réserve, dont l'incohérence bizarre est faite pour émerveiller. — « Que le Roy Très-Chrétien soit tenu de laisser les dix cités impériales, qui dépendent de la mayerie d'Hagenau, en la liberté et possession dont elles ont jouy jusques icy de relever immédiatement de l'Empire romain : de sorte que, il ne puisse plus prétendre sur eux aucune supériorité royale, mais qu'il se contente des droits qui regardoyent la maison d'Austriche, et qui, par ce présent traicté de pacification sont cédés à la Couronne de France. De manière toutesfois que, par ceste présente déclaration on n'entende rien déroger au droit de *souverain domaine* desjà cy-dessus accordé. » Pour bien établir le sens de cette clause, il suffira de mettre en regard les termes de la cession irrévocable faite par l'Empire germanique à la France. — « En un mot, touts les droits, régales et appartenances, sans réserve aucune, appartiendront au Roy Très Chrestien, et seront incorporés à perpétuité à la Couronne de France, *avec toute sorte de juridiction et souveraineté*, sans que l'Empereur, l'Empire, la maison d'Austriche, ny aucun autre y puisse apporter aucune contradiction. » Ce que Ferdinand III appelait la *supériorité royale*, c'était donc la vaine et inutile satisfaction de recevoir l'hommage des dix villes impériales, qui devaient obéir de tous points au roi de France. Mazarin avait accordé au prince stupide ce hochet, pour amuser sa vanité. Mais il ne laissa pas d'avoir bientôt des inconvénients. Un si faible lien servit à nouer des intrigues dans les communes aliénées pour toujours, à y contrarier la domination légitime de la France. Au lieu d'observer loyalement le traité de Münster, de se montrer fidèles aux princes qui remplaçaient, pour leur bonheur, les âpres despotes germaniques, les Strasbourgeois et les autres citoyens des villes impériales favorisaient secrétement toutes les

(1) Voyez plus haut le texte des articles, pages 39 et 40.

manœuvres, toutes les hostilités de l'Allemagne contre la France, par suite d'une vieille habitude sans doute. Basnage en cite un exemple remarquable.

En 1678, pendant la lutte entre la France et la maison d'Autriche, les Strasbourgeois secondaient si bien les troupes allemandes, que le marquis de Créqui fut obligé de prendre des mesures contre eux. « Il envoya représenter aux magistrats de Strasbourg la nécessité où il se trouvoit, pour le service du Roi, son maître, d'établir un poste au bout de leur pont, afin d'y pouvoir passer avec son armée quand il lui plairoit, comme ils l'avoient permis au duc de Lorraine (1). Il demandoit pour cela que le fort de Kehl lui fût remis ; et sur le refus qu'ils firent de le lui livrer, il ordonna au baron de Monclar, qui commandoit un camp volant aux environs, d'investir ce fort, et le suivit avec le gros de l'armée (2). » Le fort de Kehl fut pris, rasé ; le maréchal de Créqui brûla une moitié du pont de bateaux, et, pour continuer ses opérations, traversa le Rhin sur le pont qu'il avait à Altenheim. Aussitôt que le duc de Lorraine en eut connaissance, il fit entrer dans Strasbourg six à sept cents chevaux et mille fantassins, pour mettre cette ville en état de soutenir un siége, si les Français venaient l'attaquer. La mauvaise foi des citadins, qui avaient ouvert leurs portes indigna le maréchal : il s'avança jusqu'au fort de l'Étoile et signifia aux habitants qu'il allait les traiter en ennemis, puisqu'ils ne remplissaient pas leurs devoirs et n'observaient même pas la neutralité. En effet, il vint camper avec tous ses régiments sous les murs de Strasbourg et commanda d'ouvrir la tranchée. Voulant supprimer les communications entre la ville et le fort de l'Étoile, il dépêcha cent cinquante dragons vers une spacieuse hôtellerie située dans l'intervalle. Ils n'y trouvèrent personne, mais n'y furent pas plutôt logés qu'une grêle de boulets transperça le haut de la maison. Ils se retranchèrent dans le bas ; quatre cents hommes vinrent les y assaillir. L'énergique

(1) Charles V, engagé au service de l'Autriche.
(2) Basnage : *Annales des Provinces Unies*, t. II, p. 839.

résistance des dragons les força de se retirer. Un pareil début fit réfléchir les magistrats, qui commencèrent à trembler. Ils écrivirent au maréchal une lettre obséquieuse, où ils protestaient de leurs intentions pacifiques et de leur bonne volonté. Le maréchal leur répondit : « Vous avez montré tant de mauvaise foi depuis un certain temps, que j'ai peine à écouter vos propositions et que toutes vos offres me paraissent suspectes ; si néanmoins vous voulez m'envoyer des députés, je prendrai vos assurances en considération et je leur donnerai une réponse positive. »

Les notables de la ville délibérèrent pendant plusieurs jours, le comte Piccolomini, général de l'Empereur, étant parvenu à se glisser dans la place et animant le bas peuple contre les Français. Le maréchal poussa donc les travaux d'approche jusqu'à cent pas de la contrescarpe. Il fallut bien alors parlementer; les magistrats firent encore au général les plus humbles soumissions, les plus vives promesses ; puis, le prince Hermann de Bade ayant à son tour pénétré dans la ville, les négociations furent de nouveau rompues. Les Français marchèrent droit aux forts de l'Étoile et de l'île des Bouchers, que leurs défenseurs abandonnèrent au bruit des clairons (1).

Je ne poursuivrai pas ce récit dont la conclusion est inutile. Ce qu'on vient de lire suffit pour montrer avec quels embarras, quel trouble et quelle incertitude la France exerçait dans les villes impériales les droits que lui garantissait le traité de Westphalie. La vaine subtilité, la distinction étrange et incompréhensible, qui séparaient l'hommage féodal de la souveraineté, poussait les habitants à la perfidie et engendrait toutes sortes de maux. Quel gouvernement, quelle administration moderne souffriraient de si pernicieux tiraillements, une confusion aussi absurde? Quel prince de l'Europe actuelle endurerait un partage aussi incommode, aussi grotesque et aussi dangereux d'attributions politiques? Il avait fallu la duplicité allemande pour l'éta-

(1) BASNAGE, *loc. cit.*

blir : la France ne pouvait le tolérer. Louis XIV prit la résolution d'y mettre un terme.

Vers la fin du mois de septembre 1681, on avait annoncé une résidence prochaine du souverain à Chambord, et le comte de Saint-Aignan était parti d'avance pour préparer les fêtes de la cour, le théâtre et la musique, lorsque le roi fit tout à coup savoir qu'il n'irait pas dans l'Orléanais, son dessein étant de visiter Metz et l'Alsace. Quand on lui demanda les motifs de son voyage, bien loin de les dissimuler, il les déclara même à l'ambassadeur impérial : il voulait appliquer dans toute leur étendue les droits que lui assurait le traité de Westphalie ; bien mieux, il voulait remédier à la fausse position des Strasbourgeois, recevoir en personne leur hommage, les liens artificieux dont on les avait enlacés troublant leurs rapports avec la France et ne pouvant que leur porter préjudice.

Toutes les mesures avaient été prises pour rendre le succès indubitable et rapide. A la fin de l'année précédente, on avait insinué aux habitants de la commune qu'ils devraient rompre d'eux-mêmes avec l'Empire germanique, et vivre tranquillement sous la seule protection de la France, qui respecterait toutes leurs coutumes et toutes leurs libertés. Comme ils avaient fait la sourde oreille, que la réforme était nécessaire, il fallut bien employer des moyens efficaces.

Strasbourg ne pouvait soutenir une lutte militaire. La garnison impériale qu'elle avait appelée dans ses murs, avait dû se retirer devant les protestations du cabinet de Versailles ; la plus grande partie des milices urbaines et auxiliaires suisses était congédiée ; il restait pour la garde de la ville quatre cents hommes de troupes régulières. A peine un seul des quatorze bastions de l'enceinte aurait pu être garni de forces suffisantes. Un certain nombre de bourgeois étaient impérialistes, mais d'autres tenaient pour la France et les chanoines de la cathédrale lui étaient dévoués. Le conseil municipal lui-même avait un maintien équivoque. — « On a prétendu que plusieurs de ses membres s'étaient laissés corrompre, dit Léopold Ranke ; mais on n'en a aucune preuve, et il n'est pas probable que les magistrats d'une ancienne ville libre eussent commis une telle bassesse. L'Empire et l'Empereur n'ayant pas le courage de les défendre, d'où leur serait venue la bravoure ? Livrés à eux-mêmes par l'Allemagne, c'est-à-dire abandonnés, des personnes très-versées dans les affaires de la cour étaient persuadées qu'ils avaient fait avec Louvois une capitulation secrète, qui garantissait leurs droits et leurs franchises, opinion des plus vraisemblables. Il est positif que l'entreprise fut commencée avec la certitude presque absolue de réussir » (1).

Pour plus de sûreté encore, les préparatifs de l'expédition avaient été enveloppés d'un profond mystère. Le 28 septembre au matin, de très-bonne heure (c'était un dimanche), deux mille dragons occupèrent la redoute tournée vers le Rhin ; plusieurs régiments, bientôt après, enveloppèrent la ville et en gardèrent toutes les issues. Le lendemain, Louvois arriva au quartier général, à Illkirch. Il somma les habitants, non point de reconnaître l'autorité du roi, qui n'était pas en cause, mais de le déclarer leur seul et unique suzerain, et il n'admit pas de discussion préalable ; s'ils se montraient dociles, on respecterait leurs priviléges ; s'ils essayaient de résister, on les contraindrait par la force et on les traiterait comme des rebelles. Mais les conseillers municipaux n'avaient pas la moindre velléité d'opposition ; de crainte qu'un imprudent ne fit partir les pièces des remparts, ils avaient soigneusement caché les munitions. Avec une sorte de regret que les statuts politiques de la ville exigeassent cette formalité, ils demandèrent à Louvois un répit de deux heures, non-seulement pour délibérer, mais pour faire adopter leur opinion par la bourgeoisie. Les échevins tremblants convoquèrent les doyens des métiers : ils leurs exposèrent que le moindre simulacre de résistance amènerait leur ruine. Quand ils les eurent persuadés, ils allèrent ensemble trouver les pères de famille qui étaient en armes sur les remparts, et leur inspirèrent la même anxiété, la même circonspection. Pourquoi se battre ? Pour une vaine

(1) *Histoire de France*, t. III, année 1681.

cérémonie féodale? Cela n'en valait pas la peine. On signa un traité avec la France, qui garantissait aux habitants de Strasbourg leurs vieilles immunités, leurs statuts, leurs droits, leurs biens, le libre exercice de leur religion. Que fallait-il de plus? En quoi pouvait les intéresser le belître impérial, qui se nommait Léopold?

Quinze jours après, Louis XIV fit dans la ville une entrée solennelle. Son premier soin fut de visiter le lieu choisi par Vauban pour y construire une citadelle. Il inspecta les anciennes fortifications et dressa le plan de celles qui devaient dominer le Rhin. La population était surprise de voir le Roi faire acte de présence partout et donner des ordres que l'on commençait à exécuter dès le lendemain. Les paysans d'alentour, appelés pour construire les nouveaux ouvrages de défense, poussaient le zèle jusqu'à travailler le dimanche. Quinze mille soldats étaient campés dans la banlieue et protégaient les murs, les terrassements ébauchés de la forteresse. La cathédrale avait été rendue à l'église orthodoxe, et l'évêque, Eglon de Furstenberg, s'y installa en grande pompe, avec tout son clergé, le 20 octobre.

La suppression de l'hommage féodal dans la ville de Strasbourg parut si peu importante, si peu intéressante même, au gouvernement central d'Allemagne, qu'il ne daigna pas s'en occuper. La cour de Vienne ne publia pas la moindre protestation. Elle accepta silencieusement le fait accompli.

A ce muet consentement, le chef de l'Empire ajouta une sanction publique, dès que l'occasion s'en présenta. Lorsque la France et l'Allemagne signèrent le traité de Ryswick, où étaient confirmées toutes les stipulations du pacte de Munster, on y ajouta une clause que nous allons traduire exactement du latin.

« Comme on a jugé opportun, pour rendre la paix plus solide, d'échanger certains lieux, Sa Majesté Impériale et l'Empire cèdent au Roi Très-Chrétien, et aux héritiers de sa couronne, la ville de Strasbourg, ainsi que toutes ses dépendances sur la rive gauche du Rhin, avec tous les droits de propriété et de haut domaine qui ont jusqu'ici appartenu à l'Empire romain ou pouvaient lui appartenir, les transfè-rent tous et chacun d'eux au Roi très-chrétien et à ses suc-cesseurs, de telle façon que ladite ville et toutes ses appar-tenances et dépendances sur la rive gauche du Rhin, avec toute sorte de juridiction, de haut domaine et de souverai-neté, sans réserve aucune, passent dès à présent et pour tou-jours au Roi Très-Chrétien et à ses successeurs, et soient incorporées au royaume de France, sans que l'Empereur, l'Empire ou tout autre y puissent contredire. Pour une plus grande validité de ladite cession et aliénation, l'Empe-reur et l'Empire, en vertu de la présente transaction, déro-gent à tous et chacun des décrets, constitutions, statuts et coutumes des Empereurs leurs prédécesseurs et du Saint-Empire romain, même qui ont été confirmés par serment, ou qui se confirmeront à l'avenir, nommément à cet article du chapitre impérial, par lequel toute aliénation des biens et droits de l'Empire est défendue, toutes règles auxquelles ils renoncent expressément; délient ladite ville et ses magis-trats, officiers, citoyens et sujets, des liens et serments dont ils avaient été liés jusqu'ici à l'Empereur et à l'Empire, les renvoient et remettent à la sujétion, obéissance et fidélité qu'ils doivent garder au roi de France et à ses successeurs; et par ainsi établissent le Roi Très-Chrétien en pleine et légitime propriété, possession et souveraineté, renonçant dès maintenant et à perpétuité aux droits et prétentions qu'ils avaient; pour laquelle fin, ils trouvent bon que ladite ville de Strasbourg soit rayée de la matricule de l'Empire. »

Si un contrat pareil n'est point valable, qu'y aura-t-il désormais de sacré pour l'espèce humaine?

Le début de l'article prouve que la France n'avait pas obtenu à titre gratuit l'abolition de la suzeraineté nomina-tive, dont l'Allemagne s'était servie pour agiter et troubler l'Alsace, depuis la paix de Westphalie jusqu'en 1681. Cette fois encore, il y avait un échange, un acte commercial, et les Tuileries payaient beaucoup trop cher la suppression officielle d'une vieille coutume gothique, déjà supprimée en fait. Pour un si mince avantage, elle cédait le fort de Kehl, bâti de ses deniers au delà du Rhin, la ville et la citadelle de Fribourg, Vieux-Brisach, Philippsbourg qu'elle avait conquis pendant la guerre qui finissait. Prétention à la fois comique, absurde et immorale! L'Empire germanique fait une transaction avec la France; pour l'abandon d'un vain titre, elle a reçu un dédommagement considérable. On est tombé d'accord, le prix de la vente a été touché. L'Allemagne cependant crie avec une implacable fureur qu'on lui a soustrait son bien; elle reprend, non pas une suzeraineté fictive, mais l'objet même, la ville et son territoire, devenus depuis cent soixante-treize ans, la propriété absolue, incontestée de la France, et elle ne rend pas le prix dont on les a payés! Elle ne rend pas le duché de Bade, la Forêt-Noire, le Wurtemberg, les villes forestières, donnés en échange de l'Alsace! Bien mieux, elle s'indigne, elle s'irrite, ou se drape en gardienne des lois de la justice. Voilà ce qu'on nomme de la sincérité, de la probité, au delà du Rhin!

C'est sans doute aussi de la probité que le soin avec lequel les pamphlétaires et journalistes allemands cachent aux lecteurs les actes décisifs, dont j'ai donné des extraits, contre lesquels ne pourrait lutter l'esprit de chicane. En France, en Belgique, en Angleterre, quand un avocat dérobe une pièce dans un dossier, la loi lui inflige une peine sévère; en Allemagne, c'est une pécadille!

VII

Dans le traité de Westphalie, un article spécial réservait la question de la Lorraine proprement dite (1). Les termes mêmes de cet article prouvent que l'Empereur et l'Empire

(1) « Que la controverse touchant la Lorraine soit sousmise, ou à des arbitres nommez de part et d'autre, ou qu'elle se termine quant et le traicté entre la France et l'Espagne, ou par quelque autre voye amiable, et qu'il soit libre tant à l'Empereur qu'aux Électeurs, Princes et Estats de l'Empire d'aider et d'avancer cet accord par une amiable interposition, et par d'autres offices de pacification, sans user toutesfois des armes et des moyens de guerre. »

n affichaient aucune prétention, ne réclamaient l'exercice d'aucun droit de propriété ou de souveraineté sur la Lorraine. Ils annoncent seulement le dessein d'employer leurs bons offices pour rapprocher, apaiser la cour de France et la cour de Nancy, et autorisent les princes, les États d'Allemagne, à intervenir aussi amicalement. Quelle preuve plus convaincante pourrait-on trouver, pour mettre à néant les sophismes actuels des Prussiens et de leurs alliés, que cette absence complète de revendication dans un pacte européen? Si la rapacité germanique avait espéré mettre la main sur la Lorraine, sous n'importe quel prétexte, même le plus frivole, même le plus déraisonnable, croyez-vous qu'elle aurait négligé l'occasion, qu'elle n'aurait pas argumenté avec la subtile audace et la mauvaise foi dont elle donne constamment des preuves? Mais il n'y avait rien, pas l'ombre d'une chicane à faire, d'un procès à intenter. La position était si nette, si entourée de lumière, que l'idée ne vint pas à l'Allemagne de tourner vers la Lorraine ses yeux pleins de convoitises.

Elle n'osait même pas élever la voix bien haut en faveur de la maison de Lorraine. Pourquoi? Parce que cette maison perfide n'avait droit qu'aux sévérités de la France. Abusant de sa situation entre les deux pays, elle agissait perpétuellement contre les intérêts du voisin qu'elle aurait dû préférer. Sauf une mince bande de terrain, au nord, où l'on jargonne un patois allemand des plus barbares, toute la Lorraine parle français. L'historien de la province, Dom Calmet, le dit expressément : « Je donne cette histoire en français, déclare-t-il, parce que c'est la langue que l'on parle le plus généralement dans notre pays. J'ai principalement travaillé pour mes compatriotes; il est naturel de leur parler un langage qu'ils comprennent. Tous les peuples du monde, les Hébreux, les Chaldéens, les Egyptiens, les Perses, les Arabes, les Grecs et les Romains ont suivi cet usage. » Et le digne abbé insiste naïvement sur la nécessité de se faire entendre. La prédominance, la force vitale et organique de l'idiome français en Lorraine a produit dans les Vosges un effet remarquable : la langue de Corneille, de

Molière et de Racine est montée, à l'occident, jusqu'au sommet de la chaîne; elle y rencontre, elle y heurte l'allemand, qui règne dans toutes les vallées orientales; le point culminant, l'arête des hauteurs, sépare les deux modes d'expression. Si le peuple lorrain n'était pas radicalement gaulois, l'idiome germanique eût débordé par les cimes, envahi les pentes, les bassins, les couloirs de l'est et les plaines voisines. Les seigneurs du pays auraient dû respecter, fortifier les liens que la nature avait établis entre la Lorraine et la France; ils les relâchaient, ils manœuvraient sans cesse au profit de l'Empire. Dans la guerre de Trente-Ans, cette guerre où les Bourbons soutenaient la cause de la civilisation, de la liberté morale, intellectuelle et politique, où ils méritaient la sympathie et la reconnaissance du monde entier, sauf la maison d'Autriche, les princes lorrains secondaient la cruelle ambition et l'aveugle fanatisme des Habsbourgs. En diverses circonstances, il fallut occuper la Lorraine. Des traités survenaient pour rétablir la concorde entre les deux États; à peine signés, la cour de Nancy les violait, mauvaise foi d'autant plus criminelle que la France ne pouvait guère porter ses armes dans les provinces germaniques, ou s'opposer aux entreprises de l'Allemagne, sans traverser la Lorraine. Au point de vue de la stratégie comme de la géographie, son territoire est une dépendance, un complément nécessaire du territoire français. Le dernier jour du mois de décembre 1631, pour enchaîner les mains fratricides du duc régnant Charles IV, le cardinal de Richelieu avait fait avec lui une convention publique et un pacte secret. Dans la convention publique, le seigneur lorrain promettait de renoncer « à toutes les intelligences, ligues, associations et pratiques qu'il avoit ou pourroit avoir avec quelque prince et Estat que ce peust estre, au préjudice du Roy et de ses Estats, pays de son obéissance et protection. » La cour, en échange de cette promesse, lui donnait l'assurance « qu'elle protégeroit sa personne et défendroit ses Estats envers tous et contre tous ceux qui voudroyent les attaquer ou les envahir, en tout ou en partie, pour quelque cause et sous quelque prétexte que ce peust estre, comme les siens propres. »

Le pacte secret débute par cette clause : « Bien qu'au premier article du Traité général fait ce jourd'huy entre le Roy et Monseigneur de Lorraine, il ne soit dit qu'en termes généraux que ledit seigneur duc renonce à toutes intelligences, ligues, associations et pratiques qu'il pourroit avoir avec quelque prince que ce peust estre au préjudice du Roy, — néantmoins la vérité est que par cette généralité ledit sieur Duc entend renoncer à toutes alliances et confédérations qu'il pourroit avoir fait avec l'Empereur, le Roy d'Espagne et tous autres princes de la maison d'Austriche. »

Voilà, certes, un engagement bien formel. Le premier soin de Charles IV fut d'y manquer. Pour garantir la France contre ses indignes manéges, on se trouva dans l'obligation absolue d'envahir son territoire, et l'expédition malheureusement ne put avoir lieu sans qu'on fît revenir d'Allemagne des troupes, qui étaient nécessaires ailleurs.

Richelieu mit garnison dans les villes et citadelles de Bar, de Saint-Mihiel, de Pont-à-Mousson et en d'autres forteresses. L'hypocrite seigneur alors demanda grâce. On lui rendit les places de guerre dont la France s'était emparée, mais on exigea, en guise de caution, pour l'espace de quatre ans, la remise aux forces royales des villes et citadelles de Stenay et Jamets, avec les vivres, armes et munitions qui se trouvaient dedans, et l'abandon, en toute propriété, au gouvernement français, de la ville et du comté de Clermont. Ce nouveau pacte fut conclu moins de six mois après celui que nous venons de mentionner tout à l'heure !

Il semble que de pareils gages devaient être assez forts pour contenir la déloyauté de Charles IV, mais rien ne lie et ne corrige les hommes sans foi ; le prince lorrain était digne de s'allier avec l'Empire d'Allemagne dans la plus ignoble des causes. Ses déportements contraignirent d'employer de nouvelles mesures pour mettre un frein à ses trahisons. Mais quand les étendards du roi flottèrent devant sa capitale, le malhonnête homme trembla, s'humilia, demanda pardon. Il réitéra les serments qu'il avait tant de fois violés, promit de se mieux conduire désormais, et enfin, comme preuve, comme garantie de ses dispositions meilleures, consentit à laisser occuper par les troupes royales, pendant quatre ans, le chef-lieu de son duché, la ville de Nancy, outre les places déjà promises. Jusqu'à l'exécution de cette nouvelle clause et des clauses antérieures, le cardinal de Lorraine devait servir d'otage. La convention fut signée sous les murs de Nancy, dans le camp français, le 6 du mois de septembre 1633.

Elle ne produisit pas plus d'effet que les précédentes. Plusieurs années s'écoulèrent, pendant lesquelles le malandrin féodal continua ses menées insidieuses. Force fut alors d'envahir et de garder, comme une légitime conquête, les territoires si mal gouvernés par une espèce de mécréant. Mais il s'agenouilla de nouveau, frappa humblement sa doitrine, baisa les mains, les pieds du roi, obtint encore par ses prières un acte de clémence. Le traité qui fut conclu à Paris, le 29 mars 1641, débute de cette manière : « Le véritable repentir que Monsieur le Duc Charles de Lorraine a fait diverses fois tesmoigner au Roy des mauvais procédés qu'il a tenus dix ou douze ans à son égard, la supplication qu'il luy est venu faire en personne de lui remettre et pardonner ce que le désespoir lui pourroit avoir fait dire ou faire au préjudice du respect qu'il cognoit luy devoir, et les asseurances qu'il donne qu'à l'advenir il sera inséparable de tous les intérests de ceste Couronne, ont tellement touché Sa Majesté, qu'elle s'est volontiers laissée aller aux sentiments chrestiens et aux mouvements de la Grâce qu'il a pleu à Dieu luy donner à ce sujet; en cette considération, comme elle supplie la bonté divine de luy pardonner ses offenses, elle oublie aussi de bon cœur celles qui peuvent luy avoir esté faites par ledit sieur Duc. »

Mais une rémission pure et simple de tant de fautes eût dépassé les bornes de l'indulgence, eût contrevenu aux règles d'une sage politique et aux lois de l'équité. Si on ne punissait pas le Duc, si on lui rendait ses principautés de Lorraine et de Bar, il fallait au moins un dédommagement pour la France. La ville et le comté de Clermont, les places et territoires de Stenay et Jamets, la ville de Dun et ses faubourgs devinrent la propriété inaliénable de la Couronne. Il fut stipulé en outre que les fortifications de Marsal seraient rasées, que Nancy demeurerait au pouvoir du roi jusqu'à la fin de la guerre, qu'on démantèlerait les bastions de l'enceinte avant de la rendre au prince, et que, s'il lui arrivait de forfaire encore, il perdrait irrévocablement ses États.

Pour mieux engager sa parole et donner au traité une sanction extraordinaire, Charles demanda « qu'il pleust à Sa Majesté en jurer solemnellement l'exécution sur les Saints Évangiles, et qu'elle eust agréable de recevoir aussi pareil serment de luy. » Cette proposition ayant été acceptée, la cérémonie eut lieu au château de Saint-Germain-en-Laye, dans la chapelle, devant « le sieur évesque de Meaux, premier aumosnier de Sa Majesté. »

Une menace si grave, une condition si redoutable, non-seulement acceptée par le Duc, mais sanctionnée par un pieux engagement, aurait dû calmer ses mauvais instincts, faire pénétrer quelque lumière morale dans les ténèbres de sa conscience. Il était si rigoureux pour les fautes d'autrui, véritables ou imaginaires ! En 1631, quand il signait son premier traité, avec l'intention formelle de ne pas tenir sa parole, il avait fait brûler un riche personnage de Lorraine, Melchior de la Vallée, qu'on soupçonnait de magie, et avec les biens du malheureux il avait construit, l'année suivante, un monastère de Chartreux. Mais voyez les effets d'un mauvais naturel ! Le contrat de 1641, si bassement sollicité, porte la date du 29 mars. Le duc l'avait encore ratifié dans la ville de Bar ; moins d'un mois après, le 28 avril, cet incorrigible maraud protestait contre sa signature. Il fallut de nouveau recourir à la seule puissance qu'il voulût respecter, la force des armes. Toutes les places de la Lorraine furent soumises l'une après l'autre : en 1645, Charles ne possédait plus un pouce de terre dans ses anciens domaines. Il alla combattre en Flandre sous la bannière des Espagnols « qu'il n'aimoit pas et qu'il railloit sans cesse » (1). Jusqu'au

(1) *Introduction à la description de la Lorraine et du Barrois*, par Doisy, p. 114.

moment où fut conclu le traité de Westphalie, Du Hallier, depuis maréchal de l'Hospital, administra pour la France ses deux principautés.

Voilà quel était l'auxiliaire, ou pour mieux dire, le complice des Habsbourgs, dans leur lutte acharnée contre l'Allemagne du Nord, la liberté religieuse et la France. La cour d'Autriche en était si peu fière qu'elle n'osait point parler en sa faveur; les historiens, les pamphlétaires actuels de la Prusse et de ses alliés sont moins scrupuleux : ils tressent des couronnes à ce malfaiteur blasonné, ils gémissent sur lui comme sur une victime de la trop indulgente maison de Bourbon.

La France demeura donc longtemps encore en possession du patrimoine de Charles. Je ne puis raconter toutes les trahisons, toutes les félonies, tous les indignes calculs de cet aventurier sans pudeur. Il fatigua tellement les Espagnols de son extravagante immoralité, qu'ils lui mirent la main au collet le 25 février 1654, l'expédièrent dans la Péninsule et le gardèrent prisonnier pendant cinq ans. Le traité des Pyrénées lui ouvrit les portes de sa prison, et Louis XIV eut la faiblesse de lui rendre ses États en 1661. Cet acte d'imprudente magnanimité ne corrigea pas le duc. Moins de deux ans après, il fallut sévir contre lui, faire occuper de nouveau la Lorraine par des troupes françaises. Le Mercadet de haut vol se soumit encore et, dans le traité de Marsal, réitéra ses protestations de dévouement. Peu de temps après, âgé de soixante ans, il épousa une petite fille de treize ans, Marie-Louise d'Apremont-Nanteuil. La Lorraine dévastée, où les loups et autres bêtes sauvages remplaçaient peu à peu les habitants, où les buissons, les forêts et les plantes inutiles envahissaient les campagnes désertes, goûta quelque repos jusqu'en 1670. Fatigué du calme et de l'inaction, Charles IV, cette année même, intrigua pour s'unir à la ligue qui se préparait contre la France. Mais Louvois était alors tout-puissant, et son âpre volonté coupa court aux éternelles défections du prince. Cette fois la Lorraine fut occupée comme une province définitivement acquise à la monarchie française. Le routier sans cœur se faisait vieux : cinq ans après, il mourut dans l'impénitence finale, en essayant de rejoindre une armée autrichienne; le 1er juillet 1673, il avait conclu un traité d'alliance avec l'Empire.

Ici encore, je le demanderai à tous les hommes d'État de l'Europe : quelle est la puissance moderne, à commencer par la Prusse, qui tolérerait chez un principicule voisin une si astucieuse et pernicieuse conduite? Elle méritait un blâme, une punition d'autant plus sévères que les ducs de Lorraine avaient leur place réservée à la cour de France, comme des seigneurs indigènes, et cette place était remarquable : ils prenaient le pas sur les ducs et pairs, au grand dépit de Saint-Simon. Quand on lit impartialement leur histoire, ce n'est pas la rigueur de la France qui étonne, mais sa longanimité.

VIII

Charles IV eut pour successeur son neveu Charles V, né à Vienne, en Autriche, le 3 avril 1643, et tenu sur les fonts baptismaux par un membre de la famille impériale, l'archiduc Léopold. Il fut cependant élevé à la cour de France; son oncle, qui ne l'aimait pas, ayant essayé de le déshériter, il retourna dans le pays où il avait vu le jour. L'Empereur lui donna un régiment, et il ne tarda pas à devenir un des plus habiles généraux de l'Allemagne ; mais il cessa d'être Lorrain et Français. Quand son oncle mourut dans le Hundsrück, ce fut à la tête de huit mille cavaliers autrichiens qu'il alla retrouver les bandes mercenaires, qui avaient eu le défunt pour capitaine. Il débuta par une lutte armée contre la France. Dès le mois d'avril 1676, pendant les conférences de Nimègue, ayant passé le Rhin près de Spire, il attaqua et prit la citadelle de Philipsbourg. Son mariage, en 1678, avec Éléonore-Marie d'Autriche, veuve du roi de Pologne Michel Wiesnoweski, acheva d'en faire un prince germanique. Il le comprit si bien lui-même qu'il licencia les troupes lorraines engagées sous ses drapeaux. Eût-il été sensé que la France lui rendît la province sans des mesures de prudence très-rigoureuses ? Elle les formula au traité de Nimègue. Il ne voulut point les accepter. La Lorraine demeura donc sous l'autorité de Louis XIV jusqu'à la mort de Charles V, produite par une congestion cérébrale, en 1690.

Son fils Léopold, né à Inspruck, ayant pour mère une archiduchesse, avait plus que lui encore perdu tout caractère national, toute trace d'origine française. Pendant sept ans, il ne fut, comme son père, duc de Lorraine que nominativement. Une horrible guerre, allumée par la révocation de l'Édit de Nantes, cette imitation coupable et malheureuse de la politique autrichienne, faite d'ailleurs sous l'influence de la même congrégation, l'ordre implacable des Jésuites, qui régnait à Vienne, mettait alors aux prises toutes les nations de l'Europe, saccageait leur territoire et ensanglantait au loin les flots de la mer. Après onze ans de lutte, quelques derniers succès, remportés par Louis XIV, amenèrent une paix générale, signée à Ryswick, près La Haye, le 20 septembre 1697. La France commit la faute politique de céder la Lorraine qu'elle occupait depuis vingt-sept ans, d'y laisser introduire un prince élevé dans une cour étrangère et devenu, en quelque sorte, un agent de l'Empire. Les considérants de l'article, où on l'imposait à une province qui ne le connaissait pas, suffiraient pour le prouver. « Attendu que le Seigneur Duc de Lorraine a été dans cette guerre l'allié de Sa Majesté impériale et qu'il a voulu être compris dans ce traité, on lui rendra, pour lui et ses descendants, la libre et pleine possession des États, lieux et biens, qui appartenaient à son grand-oncle, le duc Charles, en 1670, lorsque les armes du Roi Très-Chrétien s'en emparèrent. » La France se réservait seulement la forteresse de Marsal dans l'intérieur, les places de Sarrelouis et de Longwy sur la frontière, et le droit de passage pour ses armées.

Léopold heureusement était un homme de cœur et un

homme de mérite, le digne fils du vainqueur des Turcs et du libérateur de Vienne. Il fit tout le bien que lui permettaient les circonstances, répara dans les limites de son pouvoir, les maux produits par une longue guerre. Aussi la cour de France le jugea-t-elle digne de s'allier à la famille royale : c'était une marque d'estime qu'on voulait lui donner, et une sage mesure politique. Le 12 octobre 1698, à Fontainebleau, devant Louis XIV et toute la noblesse française, au milieu d'une pompe extraordinaire, le duc d'Elbœuf épousa en son nom Elisabeth-Charlotte, fille de Philippe, duc d'Orléans, frère du roi. Ce mariage produisit un grand nombre d'enfants. Mais rien ne put contrebalancer les préférences de Léopold pour le pays où il était né, où il avait toujours vécu. « Son inclination et les souvenirs de sa jeunesse, dit M. le comte d'Haussonville, le portaient naturellement vers la maison d'Autriche, mais il ne se sentait pas libre de suivre ses penchants, et, par effort de raison, il était décidé à garder vis-à-vis de la France les plus grands ménagements » (1). Aussi vivait-il dans une inquiétude perpétuelle de se compromettre avec l'Autriche, et toutes les courtoisies du roi de France n'aboutissaient qu'à lui causer du malaise. Pour rassurer la cour de Vienne, pour lui témoigner son affection, il lui envoya son héritier, le prince François-Étienne, qui reçut par conséquent une éducation germanique, devint, comme son père, Allemand d'esprit et de cœur. C'était le désir du prince régnant, et même un calcul de sa part. « Il fut ambitieux pour lui-même, dit M. le comte d'Haussonville, et surtout pour ses enfants. S'il abandonna l'idée d'abord caressée d'échanger, de son vivant, ses États héréditaires contre une souveraineté plus considérable, ce fut pour assurer en Allemagne un magnifique avenir à ses descendants. Marier l'héritier du petit duché de Lorraine à l'héritière de la vaste monarchie autrichienne, et mettre la couronne impériale dans sa famille, tel fut le principal objet et le but final où tendirent constamment ses habiles efforts. Léopold fut un très-remarquahle négociateur

(1) *Histoire de la réunion de la Lorraine à la France*, t. IV, p. 138.

et, sous des formes sages et modestes, un très-profond politique. Il connaissait trop bien les intérêts des diverses cours et les lois de l'équilibre européen pour s'imaginer que son fils pourrait, en devenant empereur d'Allemagne, rester duc de Lorraine. Il n'hésita pas à faire d'avance pour lui un choix nécessaire. Il n'a pas seulement entrevu et préparé l'importante combinaison diplomatique, qui devait un jour mettre le prince François sur le trône des Césars et donner la Lorraine à la France; il en fut en réalité le véritable auteur. C'est lui qui donna le branle aux événements qui s'accomplirent, lorsqu'il avait déjà disparu de la scène. La grande fortune réservée à sa famille et les destinées ultérieures de son peuple furent son œuvre personnelle et directe. Dans sa pensée réfléchie, le sacrifice de la nationalité lorraine était la rançon obligée de l'élévation de ses successeurs. Comment supposer qu'il se fût affligé des événements qui réalisèrent, après sa mort, les plus chères espérances de toute sa vie » (1)?

La situation, comme on voit, est nettement expliquée. La cour de Versailles ne cherchait point à reprendre un fief qu'elle n'aurait jamais dû abandonner; elle en avait fait le sacrifice, elle n'y pensait plus. C'était le duc de Lorraine qui, par ambition, voulait troquer la province. La France n'avait pas d'intérêt à contrarier ses plans, la dynastie impériale les favorisait. Tous les partis se trouvant d'accord, le projet pouvait-il ne pas réussir ?

Léopold meurt en 1729; le 13 février 1736, François IV, son successeur, épouse Marie-Thérèse, fille unique de l'empereur Charles VI, encore sur le trône; le 11 avril de la même année, il signe l'abandon du patrimoine de ses aïeux, et reçoit en échange le grand-duché de Toscane. Des arguties de la cour de Vienne retardaient l'exécution du traité; Chauvelin, ministre des affaires étrangères, parle haut, tout s'aplanit, et, le 15 février 1737, un pacte définitif attribue provisoirement les duchés de Bar et de Lorraine au beau-père de Louis XV, l'ex-roi de Pologne Stanislas, en

(1) *Même ouvrage,* t. IV, p. 359.

les déclarant pour toujours réunis à la France. Jamais convention amiable eut-elle un caractère plus légitime? Et les ergoteurs de l'Allemagne osent insulter la France à propos de cette transaction! Après avoir falsifié l'histoire pour dépeindre la Lorraine comme une province allemande, ils la falsifient en déclarant qu'on la leur a volée. Mais vous n'avez donc pas plus d'intelligence que de bonne foi, pas plus de science que de logique, docteurs en puérilités, maîtres en fourberie? Vous ne connaissez donc pas plus les annales de l'Empire que celles de la France? Si vous n'avez rien appris, écoutez, ô professeurs de babioles!

Pendant qu'on s'occupait des préliminaires du traité concernant la Lorraine, la maison d'Autriche et la cour de Versailles étaient en guerre. Mais les régiments français avaient partout battu les troupes de Charles VI, en Allemagne et en Italie. Le maréchal de Belle-Isle avait pris Trèves et Trarbach sous les yeux du prince Eugène; D'Asfeldt s'était emparé de Philipsbourg; Villars, malgré ses quatre-vingts ans, pénétrait du premier coup dans Novarre et Tortone; puis les troupes françaises occupaient toute la Lombardie. Enfin, chassés de toutes leurs places fortes au delà des Alpes, sauf Mantoue, les Impériaux avaient dû se retirer dans les montagnes du Tyrol. Eh bien, toutes ces conquêtes, la France les abandonnait en échange de la Lorraine. Elle s'engageait à payer 4,500,000 livres par an au duc François, en attendant que la mort prochaine de Jean Gaston, le dernier des Médicis, rendît vacant le trône de Toscane. Le peuple victorieux, qui aurait pu dicter des conditions, s'il n'avait pas eu pour ministre le pusillanime Fleury, achetait donc la Lorraine, tant de fois payée. Les Allemands, comme toujours, en ont reçu le prix; et maintenant, au bout de cent trente-trois ans, ces juifs incirconcis veulent reprendre le territoire vendu, sans restituer les valeurs données en échange! Bien mieux, il leur faut, comme à Shylock, du sang, de la chair humaine, et ils tuent les femmes, les enfants, les blessés, les malades, ils pillent les campagnes, vident les maisons pour augmenter leurs bénéfices. Ce sont des négociants modèles en vérité, mais que deviendrait l'Europe, que deviendraient là civilisation et l'honneur de l'espèce humaine, si l'on adoptait leurs principes de commerce ?

Un homme de leur race, pourtant, les a condamnés d'avance. Une année seulement après la cession de la Lorraine, Frédéric le Grand s'exprimait ainsi, dans un morceau intitulé : *Considérations sur l'état présent du corps politique en Europe* (1) :

« Du côté du Nord-Est, la France n'a d'autres limites que sa modération et sa justice. L'Alsace et la Lorraine, démembrées de l'Empire, ont reculé les bornes de sa domination jusqu'au Rhin. *Il serait à souhaiter que le Rhin pût continuer à faire la lisière de leur monarchie.* Pour cet effet, il se trouve un petit duché de Luxembourg à envahir, un petit électorat de Trèves à acquérir par quelque traité, un duché de Liége par droit de bienséance ; les places de la Barrière, la Flandre et quelques bagatelles semblables, devraient être nécessairement comprises dans cette réunion ; et il ne faudra à la France que le ministère de quelque homme modéré et doux, qui, prêtant, s'il m'est permis de m'exprimer ainsi, son caractère à la politique de sa cour, et qui rejetant toutes les ruses et toutes les détours de ses artifices sur le compte des ministres subalternes, conduise, à l'abri de dehors respectables, ses desseins à une heureuse issue (2). »

Les Allemands ont pour Frédéric II une telle adoration qu'ils ne l'appellent pas Frédéric le Grand, mais Frédéric l'Unique. L'opinion de ce prince devra donc leur sembler très-importante. Non-seulement l'Alsace et la Lorraine lui paraissent justement incorporées à la France ; mais il trouve nécessaire que le gouvernement français envahisse les provinces rhénanes ; et pour y parvenir plus facilement, il lui conseille la mauvaise foi ! La Belgique tout entière lui

(1) Ce mémoire, que Frédéric, dans une lettre à Voltaire, du 19 avril 1738, promettait de lui envoyer, lui fut expédié en effet le 17 juin de la même année.

(2) *Œuvres complètes de Frédéric le Grand*, Berlin, 1848. t. VIII, pp. 15 et 16.

semble une bagatelle ! C'est que Frédéric II aussi était de la synagogue germanique.

Une dernière consécration, imposante, solennelle, devait rendre manifestes, élever au-dessus de tous les doutes et de toutes les contestations, les droits de la France sur l'Alsace, la Lorraine et les Trois Évêchés. L'Allemagne n'a pas toujours foulé aux pieds ses engagements, ne s'est pas toujours fait du parjure une distraction et une arme empoisonnée. En 1814, devenue maîtresse de la France par la chute d'un scélérat, d'un tartufe éperonné, qu'elle appelait un *monstre* avec raison, elle pouvait réclamer les provinces qu'elle déclare maintenant sa légitime propriété. En a-t-elle soufflé mot ? Un seul orateur, dans le congrès des puissances européennes, a-t-il revendiqué les malheureux territoires que la Prusse dépeuple aujourd'hui par le fer, par le feu, par la famine, pour se les annexer et gagner sans doute le cœur des habitants ? Tous ces hauts personnages, tous ces hommes éminents savaient bien que ce serait une extravagance, une sottise et une indignité. Après de longues délibérations, quand il fallut tracer les frontières de la France, ils résolurent ainsi la question :

« Le royaume de France conserve l'intégrité de ses limites, telles qu'elles existaient à l'époque du 1er janvier 1792. Il recevra en outre une augmentation de territoire, comprise dans la ligne de démarcation fixée par l'article suivant. »

Cet article est des plus curieux : non-seulement les Alliés n'y empiétent point sur le sol de la Lorraine et de l'Alsace, mais ce sont les provinces du Rhin qu'ils entament pour agrandir la France vers le nord ; Saarbruck, Arneval et Landau, par exemple, lui sont dévolus. Nous n'ajouterons pas un mot à cette démonstration de fait, qui imposerait silence aux pédants d'Allemagne, s'ils avaient quelque probité littéraire et quelque respect humain. L'année suivante, après la lutte nouvelle et terrible que les Cent-Jours avaient rendue nécessaire, pour punir la France de son belliqueux entraînement, on la réduisit, comme le porte le traité de 1815, aux frontières de 1790, on lui enleva la bande de terrain qu'on lui avait octroyée dans les provinces rhénanes. Mais ce fut tout. On ne lui reprocha pas d'avoir volé l'Alsace et la Lorraine, on ne lui en contesta point la légitime possession. Elle les gardait depuis lors avec la tranquillité proverbiale d'une bonne conscience, lorsqu'on est venu lui chercher une véritable querelle d'Allemand, une querelle atroce, où coule à flots son sang le plus pur. Ce serait une misérable pasquinade, une bouffonnerie manquée, si ce n'était un affreux calcul.

Hélas ! je suis presque honteux d'avoir tellement raison ! Je suis honteux pour notre époque, pour ce dix-neuvième siècle tant prôné, d'avoir eu à combattre d'aussi pauvres arguments, d'aussi piètres inventions. Quand je promène ma vue sur l'histoire d'Allemagne, mon indignation et ma tristesse augmentent. Je vois partout les obligations de la race germanique envers le peuple français, je n'y vois nulle part sa reconnaissance. L'Allemagne hébétée croupirait dans tous les genres de servitude, sous l'accablante oppression de la maison d'Autriche, servitude religieuse, servitude politique, servitude morale et intellectuelle, si la France n'avait eu pitié de sa détresse et ne lui avait tendu la main (1). Dans un *Précis de l'histoire d'Allemagne*, publié en français à Berlin, il y a deux ans, voici les faits que je trouve constatés : « Contre un despotisme espagnol, tel que Charles-Quint voulait l'introduire en Allemagne, l'indépendance même trop grande des princes était toujours préférable. Ce fut ce danger aussi qui ouvrit les yeux à Maurice de Saxe. Et comme il était fidèlement attaché au protestantisme, il ne voulut pas non plus permettre que cette religion fût définitivement ruinée par les projets du souverain. Il se sépara donc de l'Empereur, et résolut de sauver, malgré Charles-Quint, et l'indépendance des princes et l'existence du protestantisme. Avant tout, il se rapprocha des princes luthériens et fit une alliance avec le roi de France Henri II,

(1) L'Allemagne protestante avait le désavantage presque irremédiable de ne pas posséder une grande puissance unitaire, qui fût en état de lutter contre l'Autriche. Les ligues, les confédérations n'avaient pas la même solidité pour l'attaque et pour la défense.

qu'il autorisa en échange à occuper Metz, Toul et Verdun. Maurice de Saxe faillit capturer Charles-Quint malade, à Inspruck. Henri II envahit la Lorraine et occupa les Trois Évêchés. L'Empereur se trouvait tellement hors d'état de soutenir la guerre contre les deux ennemis à la fois, qu'il dut autoriser son frère Ferdinand à négocier la paix avec les Réformés. Elle fut conclue la même année, en 1552, à Passau. Les protestants obtinrent une pleine assurance de leur liberté religieuse, et les deux princes captifs, Jean-Frédéric de Saxe et Philippe de Hesse, furent mis en liberté. *Cette transaction de Passau fut confirmée par la* PAIX D'AUGSBOURG. Elle garantissait aux États de l'Empire la liberté de conscience, établissait pour les protestants et pour les catholiques une parfaite égalité de droits et déclarait propriété légitime des nouveaux possesseurs tous les biens ecclésiastiques sécularisés avant la conférence de Passau » (1). Ainsi donc, sans la prise de Toul, Metz et Verdun par les Français, les droits de l'intelligence et le respect des convictions n'eussent pas été proclamés, n'eussent pas triomphé en Allemagne au seizième siècle.

Ces conquêtes précieuses, les Habsbourgs veulent les anéantir. L'intervention de la France, le courage de ses armées, pendant une lutte qui ne dure pas moins de seize ans, les conserve aux États du nord, aux provinces de l'ouest, et le traité de Westphalie contient en leur faveur la stipulation suivante : « On remettra ceux de la Confession d'Augsbourg et nommément les habitants d'Oppenheim, en la possession qu'ils avoyent eue de leurs temples et dans l'estat ecclésiastique où ils estoyent en l'an 1624; comme aussi on laissera à tous les autres de ladite Confession d'Augsbourg, qui le demanderont, le libre exercice de leur religion, tant en public, aux temples et aux heures destinées, qu'en particulier dans leurs propres maisons, ou dans les autres lieux choisis pour cet effet par leurs ministres, ou par ceux de leurs voisins preschans la parole de Dieu. »

Est-ce concluant, est-ce péremptoire? Sans la protection

(1) Tome Ier, page 160. L'auteur se nomme E Ma graff.

de la France, le culte luthérien n'existerait plus, l'Allemagne intellectuelle n'existerait pas. Que ses vingt-deux universités répondent, si elles peuvent ; mais on y forme des compilateurs obtus, comme on y forme des bourreaux ; ils fouillent les textes sans y rien comprendre, ils groupent des documents dont l'esprit leur échappe. Si pendant la guerre, il y a deux ou trois cents ans, les soldats ennemis ont enlevé une vache ou brûlé une botte de foin sur son territoire, l'Allemagne se le rappelle avec amertume ; mais des services immenses, inappréciables, elle n'en garde aucun souvenir. Elle a la mémoire du mal, et ne se hâte d'oublier que les bienfaits.

IX

J'ai prouvé que la réunion à la France des Trois Évêchés, de l'Alsace et de la Lorraine, a eu lieu dans les conditions de la légalité la plus parfaite et la plus irréprochable. Mais elle se serait accomplie avec moins d'innocence qu'on ne pourrait en blâmer le gouvernement français. Toutes les monarchies des temps modernes se sont formées par une suite d'annexions. La féodalité avait une tendance générale, permanente, à diviser les territoires, à disperser les forces des nations. Chaque noble s'isolait dans son fief et, autant que possible, agissait en souverain absolu. Pour constituer de grands peuples, pour réunir les membres épars des nationalités, il fallut donc un travail immense, périlleux, longtemps soutenu, qui tantôt employait la force et tantôt employait la ruse. La puissance britannique s'est fondée en agrégeant aux provinces anglaises proprement dites l'Écosse, le pays de Galles et l'Irlande ; on sait par quels prodigieux efforts Charles VII et Louis XI créèrent peu à peu le royaume de France ; Prescott a exposé en détail les longues guerres, les violences et les perfidies que les rois catholiques, Ferdinand et Isabelle, jugèrent indispensables, quand ils voulurent fonder l'unité espagnole; Jean II, à la même époque, soude en Portugal tous les éléments indigènes, groupe tous les pouvoirs dans sa main, et poignarde le duc de Viseu, son proche parent, qui essaie de lui faire obstacle. Cette importante évolution de la politique moderne est si connue, a été si bien mise en lumière, qu'il serait inutile et fastidieux d'y insister. Aucune loi historique n'a plus régulièrement fonctionné en Europe, depuis que l'éparpillement du moyen âge a fait place à la concentration moderne. Si donc la France, dans la pénible organisation de sa vie intime et de sa forme territoriale, avait quelquefois transgressé, pour obtenir l'Alsace et la Lorraine, les lois absolues de la morale individuelle ou même de la morale publique, on ne pourrait lui reprocher sévèrement ses façons d'agir, toutes les puissances de l'Europe ayant procédé de la même manière. Supposons néanmoins qu'on voulût absolument la blâmer; aucun peuple dans le monde n'aurait moins que les Allemands le droit de porter la parole contre elle. Nul autre n'a pratiqué plus durement, plus sournoisement, le système des annexions par la conquête ou la ruse.

Et ils s'indignent, ces princes de l'artifice! Ils poussent des cris de vertueuse fureur, de pruderie scandalisée! Ils prennent le ciel à témoin qu'on leur a soustrait un coin précieux de leur patrimoine. Mais lisez donc vos annales, cafards ensanglantés! Vous y verrez que vos imprécations retombent sur votre tête.

Vous y verrez le petit archiduché d'Autriche se gonfler peu à peu jusqu'à envahir une partie de l'Europe centrale, ses frontières d'abord si resserrées atteindre les bords du Rhin par le Brisgau et l'empire turc par la Transylvanie. A force d'astuce et de bonheur, il avait enchaîné insensiblement à sa fortune l'archevêché de Salzbourg, le Tyrol, la Styrie, la Carinthie, la Dalmatie, la Carniole, la Bohême, la Moravie, la Silésie, la Hongrie, la Croatie, la Transylvanie, les plus fécondes et les plus riches provinces italiennes. Tous les peuples qui les habitaient, si divers de races, de croyances, d'idiomes et de mœurs, elle les avait soumis à son ambition, et elle avait employé dans ce but

tous les moyens que puisse suggérer la politique la plus
astucieuse et la plus impitoyable. Au dix-septième siècle,
par exemple, pour changer en couronne héréditaire, au profit des Habsbourgs, la couronne élective de Hongrie, et
pour écraser dans ce royaume le protestantisme florissant,
elle avait fait torturer pendant neuf mois, par trente bourreaux vêtus d'uniformes, les luthériens, les calvinistes, les
sociniens et les magnats! Beaucoup périssaient au milieu
des tourments, d'autres expiraient dans les cachots où on les
transportait après leur avoir disloqué les membres, d'autres
encore devenaient insensés dans les crises de la douleur.
*Faciam Hungariam captivam, postea mendicam, deindè
catholicam,* avait dit l'empereur Léopold (Je rendrai la
Hongrie esclave, puis mendiante, puis catholique). Afin de
mettre un terme au carnage, la diète nationale vota ce que
désirait la cour d'Autriche.

Et la Prusse, la sobre, la chaste, la dévote, la clémente
héritière du pays des Vandales, est-ce qu'elle est venue au
monde toute grande? Est-ce que ce boa constrictor n'a pas
enveloppé de ses anneaux toutes sortes de proies? En 1415,
Frédéric de Hohenzollern, burgrave de Nuremberg, achète
à l'empereur Sigismond le margraviat de Brandebourg, un
sol désolé où rien ne pousse sans culture, pas même de la
bruyère, pas même des ajoncs, pas même de la mousse,
région stérile comme l'enfer, où les sapins, au bout de trente
ans, ont dix pieds de haut. Et cette contrée lugubre devient
le centre d'un Etat qui ronge peu à peu les États voisins,
comme une lèpre et un cancer. Le mal gagne de proche en
proche : les domaines de l'ordre Teutonique sont dévorés,
puis le territoire de Kœnigsberg, puis Magdebourg sur
l'Elbe, Minden, Halberstadt sur le Wéser, Cummin à
l'embouchure de l'Oder, la Poméranie ultérieure enfin et le
duché de Clèves. Le dix-huitième siècle commence : l'ulcère
grandit toujours. Il attaque en Suisse les principautés de
Neuchatel et de Valengin, sur les rives de la Baltique la ville
de Stettin et la Poméranie citérieure : il mange au flanc de
l'Autriche la grasse Silésie. Le chancre alors se trouve
arrêté : les frontières de la Pologne le contiennent un

moment; c'est un espace bien vaste à corroder, à infecter, à couvrir d'une dartre sanguinolente. Mais tout devient facile, quand on n'est point gêné par des scrupules. Frédéric II regarde cette brave Pologne, qui a longtemps défendu l'Europe contre les Tartares et les Musulmans : il la toise, il la juge trop forte pour lui. Alors il propose à deux complices de se jeter ensemble sur elle, de la tuer, de la dépecer et de s'en partager les lambeaux. La Russie et l'Autriche, comme des spadassins expérimentés, acceptent la proposition. L'héroïne malade est prise au dépourvu, terrassée, démembrée : la Prusse en engloutit un morceau. Croyez-vous sa faim apaisée? Oh! que non pas. Elle se fait adjuger en 1815 un lambeau de la Saxe et la plus grande partie des provinces rhénanes. Puis elle se calme, elle ferme ses yeux avides, elle digère. Mais voilà qu'en 1864, la bête immonde se réveille : elle a une faim terrible, et elle cherche une ample pâture; le Sleswig, le Holstein, le duché de Lauenbourg ne font que stimuler son appétit. Elle gronde, elle bâille, elle flaire toujours. Alors, en 1866, elle fond sur le Hanovre, sur la Hesse électorale, sur le duché de Nassau, sur les villes libres de Francfort et de Hambourg, les étrangle et se les incorpore ; gardant l'Allemagne du Sud pour une autre occasion, elle la mord et lui tire du sang, goûte sa victime future. Mais le traité de Prague met en cage les États méridionaux, interdit à la Prusse d'y toucher. Que faire ?

Admirez ici la bonne foi, l'équité, la modération de la Prusse. Elle ne voulait certes pas respecter la convention de Prague, elle ne voulait pas arrêter au bord du Mein ses calculs et son ambition. Que lui importe le Mein? C'est une rivière, un filet d'eau, comme les traités sont des lignes noires écrites sur du papier blanc. Mais les stipulations relatives à l'Allemagne du Sud, dans le pacte de Bohême, avaient pour cautions deux grandes puissances européennes, l'Autriche et la France. Si la Prusse attaquait le duché de Bade, le Wurtemberg et la Bavière, elle n'aurait pas à lutter seulement contre leurs forces : l'Autriche et la France leur viendraient en aide. Les cinq territoires ont soixante-dix millions d'habitants. C'est une population trop nombreuse, qui peut fournir un contingent militaire trop élevé pour l'ogre sournois de Berlin. La prudence blâmait et rejetait cette combinaison.

M. De Bismarck inventa un plan bien supérieur. Il imagina de se faire attaquer par la France, en temps opportun, ce qui romprait tout naturellement le traité de Prague, et soutenir par les États méridionaux de l'Allemagne, ce qui finirait de l'annuler. Les hommes du Sud luttant avec la Prusse contre un de leurs défenseurs, ne pourrait plus invoquer sa protection, quand l'heure du péril viendrait pour eux, et l'Autriche voyant l'Allemagne du nord provoquée, menacée par la France, ne pourrait la blâmer de courir aux armes, ne pourrait même blâmer les populations méridionales de fraterniser avec une autre population germanique et de lui prêter son concours. Ainsi, les stipulations de Prague, qui liaient la Prusse, qui gênaient ses desseins, allaient être emportées par le vent, comme une feuille morte. Pendant la guerre, les Allemands des deux régions, faisant cause commune, s'habitueraient à vivre ensemble, et on en profiterait pour courber le Sud comme le Nord sous le joug de la Prusse.

Mais comment pousser les États méridionaux contre un pays chargé de garantir leur indépendance? Le problème paraissait difficile à résoudre. Hélas il ne l'était guère! Les hommes madrés ont toujours sous la main quelque tradition, quelque préjugé, quelque vieille sottise, qui a le don d'émouvoir le peuple, de l'attendrir ou de le mettre en fureur. On persuada aux Allemands du Sud que la France était leur ennemie héréditaire, qu'elle avait toujours comploté leur malheur et voulu les asservir; on leur rappela qu'elle les avait fréquemment battus pendant les guerres de l'Empire, il y a soixante ans, et même que la vertu de leurs aïeules avait alors subi de grands désastres. Enfin on leur cria que cette odieuse France avait dépouillé l'Allemagne, lui avait soustrait deux provinces, qu'il fallait les lui arracher. Un bataillon de scribes se mirent à l'œuvre pour développer cette thèse soi-disant patriotique. La foule applaudit, et une expédition haineuse, une expédition implacable fut résolue, pour décimer une nation bienveillante, chez laquelle les Allemands trouvaient, par centaines de mille, une réception hospitalière, des moyens d'existence et un heureux avenir. L'escamotage était fait. Deux grands peuples allaient s'exterminer dans l'intérêt de la domination prussienne.

Cependant il fallait encore avoir l'air d'être provoqué par la France. Avec un souverain inepte, qu'il connaissait à fond, M. de Bismarck était sûr d'atteindre son but. L'araignée tendit sa toile, et, plein de confiance dans des lumières qu'il n'avait pas, le moucheron impérial vint s'y précipiter.

On a dit que le premier des Bonaparte avait épuisé la France pour accabler l'Europe; la Prusse saccage la France pour enchaîner l'Allemagne du sud et prendre un titre nouveau. C'est une pure intrigue, une manœuvre ambitieuse, mais une intrigue effroyable, impitoyable, dont l'histoire, présente et à venir, ne pourra parler qu'avec un sentiment d'indignation et d'horreur. Les États germaniques ne tarderont point à en subir les conséquences : le pouvoir des rois, princes et ducs fondra sous eux comme un trône de neige; les simples citoyens porteront au cou la chaîne des esclaves, ou traîneront au pied le boulet des forçats.

Quand on a contre soi un pareil dossier de rapines, comment ose-t-on accuser de larcin une autre puissance?

X

Voilà la trame. Afin d'ameuter les aveugles Allemands du Sud, on mit en avant toutes sortes d'idées générales, indépendamment des griefs historiques. On parla beaucoup du principe des nationalités, dont on ne se souciait guère. La Prusse qui a détruit la Pologne, qui tient sous le joug une de ses provinces, ne peut affirmer qu'elle éprouve une grande tendresse pour les droits des races. Elle n'estime que la force et n'aime que la ruse. Ses sympathies ethnologiques sont donc un leurre, un prétexte, et il me répugne de combattre des arguments hypocrites. Un mot cependant. La

Lorraine autrefois gauloise, est une province toute française, comme je l'ai prouvé, comme j'aurais pu le démontrer par d'autres preuves encore (1). Les habitants de l'Alsace ne sont pas, comme le suppose la presse allemande, une population germanique dans le sens rigoureux du terme. Ils parlent un idiome teutonique sans doute ; mais beaucoup de Juifs emploient l'allemand comme leur langue maternelle, sans appartenir à la race allemande. César et tous les auteurs romains constatent que les Gaulois occupaient d'abord non-seulement tous les territoires situés à la gauche du Rhin, mais avaient essaimé au delà, envahi des régions spacieuses à la droite du fleuve. Quand les légions romaines en atteignirent les bords, « ils apprirent, dit Schayes, que son cours servait de limite extrême à la Celtique et qu'au delà se trouvait une vaste contrée peuplée d'une autre race d'hommes, les Germains, différant de langage, de culte, de mœurs et d'usages avec les Gaulois. » Nous savons par saint Jérôme qu'à Trèves même, si loin des frontières actuelles de la France, les gens du commun parlaient encore gaulois en 360, époque où il habitait momentanément la ville, mais que la langue latine y était commune parmi les gens de distinction et les hommes de négoce, à cause des Romains qui dominaient le pays.

Les Germains refoulèrent d'abord les Celtes, établis sur leur territoire, puis traversèrent le Rhin à leur tour, envahirent toute la région occidentale, qui forme actuellement la Belgique, les provinces rhénanes et le nord de la France. Ils conquirent enfin le reste de la Gaule, où ils fondèrent une monarchie. Les populations qui habitent ces contrées sont donc une race mixte, formée de deux éléments, moitié germaine, moitié celtique, et si les rhéteurs d'Allemagne croient pouvoir réclamer l'Alsace par suite de ce mélange,

(1) « Je fais donc passer sous les yeux de mon lecteur cette partie de la Belgique, connue aujourd'hui sous le nom de Lorraine, comme possédée et habitée d'abord par les Gaulois, qui en ont été les premiers et les plus anciens maîtres, ensuite subjuguée par les Romains, puis conquise par les Francs. » Dom Calmet, préface, paragraphe V.

la France peut réclamer, pour le même motif, non-seulement l'Alsace, mais la Belgique, une partie de la Hollande,
la Prusse et la Bavière rhénanes. Les droits étant égaux
des deux côtés, il faudrait consulter les vœux des indigènes ;
mais la Prusse se gardera bien de demander leurs avis
aux malheureux qu'elle affame, qu'elle dépouille et qu'elle
assassine.

Le principe des nationalités, d'ailleurs, n'est pas un principe absolu ; il se combine avec le principe du territoire. Des
populations de nature différente vivent très-bien sous le
même régime politique et sous les mêmes lois civiles, quand
la forme, les conditions et les propriétés du sol les réunis-
sent. Depuis plus de cinq cents ans, les Italiens, les Allemands et les Français de la Suisse édifient le monde par
leur accord intime, forment une nation compacte, heureuse
et libre, qui a pour liens la configuration des montagnes
qu'elle habite, l'analogie de sentiments, de goûts et d'idées
que cette configuration inspire. En Belgique, deux races
diverses, les Flamands, les Wallons, groupés depuis des siècles sur le même territoire, y doivent leur concorde et leur
prospérité à l'action des mêmes influences locales et du
même climat. Faut-il, pour appliquer un principe vrai en
lui-même, qu'on rend absurde par une extension chimérique,
désagréger ces deux peuples? Quel homme d'État, quel
homme sensé, en Europe, oserait le dire? La France a donc,
à tous les égards, le droit de conserver l'Alsace, où les
Prussiens sont abhorrés.

Dans un jour de facétie, M. de Bismarck a osé dire :
« Strasbourg est la clef de notre maison, » et toute l'Allemagne a répété ce quolibet insignifiant, ou, pour mieux
dire, cette plaisanterie astucieuse. Est-ce qu'une ville située
au delà de vos frontières, séparée de vous par un fleuve,
peut être la clef de votre maison? C'est la clef de la maison
d'autrui, que vous voulez dire. Vous tenez beaucoup, du
reste, à vous glisser dans les demeures étrangères, et l'on
sait le rôle que vous y jouez. Vous vous introduisez dans les
familles pour les espionner, pour les perdre ; vous désignez
au lâche assassinat des bombes vos anciens compagnons

d'atelier, le patron qui vous nourrissait, la ménagère qui vous soignait dans vos maladies, l'enfant que vous preniez sur vos genoux et jusqu'au chien caressant qui léchait votre main perfide, ô race de délateurs et de sycophantes ! Rien n'est sacré pour vous, ni les lois de l'hospitalité, ni le toit qui vous abrite, ni l'amitié qui vous accueille, ni le souvenir des bienfaits, ni le protecteur généreux attendri par votre misère.

Je m'arrête, quoique j'aie encore bien des choses à dire, et je conclus. C'est avec des fictions audacieuses que la presse germanique a rendu la nation allemande folle de haine, d'ineptie et de carnage. Imitant la Prusse *civilisée*, qui a inscrit sur ses drapeaux : *La force prime le droit*, la littérature allemande de nos jours a inscrit sur les siens : *Le mensonge prime la vérité*. Or, si l'on a pu dire, avec toute justice, que la guerre de Trente Ans, cette guerre essentiellement tudesque, avait élargi le domaine du crime, on peut dire avec autant de raison que les pamphlétaires et journalistes d'outre-Rhin ont agrandi le domaine de l'imposture. Avec les procédés barbares que la Prusse emploie contre la France, qui l'a aidée à se constituer en 1866, toute la civilisation européenne doit s'abîmer dans un sanglant chaos, sur lequel planeront les furies de la haine, du meurtre, de la vengeance, de la trahison, de la rancune et du désespoir ; avec les pratiques odieuses de la littérature allemande, toute science doit s'engouffrer dans un cloaque de mensonge, d'ignorance et d'effronterie, sur lequel planeront, au milieu d'une ombre croissante, les hideux fantômes de l'obscurantisme et de l'imbécillité.

ŒUVRES POLITIQUES

DE M. ALFRED MICHIELS

—

—

HISTOIRE SECRÈTE DU GOUVERNEMENT AUTRICHIEN, troisième édition
(épuisée) . . . . 1 vol in-8.
HISTOIRE DE LA POLITIQUE AUTRICHIENNE DEPUIS MARIE-
THÉRÈSE, seconde édition . . . . 1 vol. in-8.
L'AUTRICHE DANS LA QUESTION POLONAISE, ... broch. in-8.
DRAMES POLITIQUES . . . . 1 vol. in-12.

Autres ouvrages principaux du même auteur :

ÉTUDES SUR L'ALLEMAGNE, seconde édition. . . . . . 2 vol. in-8.
HISTOIRE DES IDÉES LITTÉRAIRES EN FRANCE, quatrième
édition . . . . 2 vol. in-8.
SOUVENIRS D'ANGLETERRE, troisième édition . . . . . 1 vol. in-8.
LES ANABAPTISTES DES VOSGES . . . . 1 vol. in-12
L'ARCHITECTURE ET LA PEINTURE EN EUROPE du cin-
quième au seizième siècle. . . . . 1 vol. in-12.
HISTOIRE DE LA PEINTURE FLAMANDE, seconde édition . 8 vol. in-8.
Le neuvième est sous presse.

Ce dernier livre se trouve, à Bruxelles, chez les éditeurs Lacroix
et Verboeckhoven, boulevard Waterloo, 42, et à Leipsick, même
maison.

—